全国干部学习培训教材
QUANGUO GANBU XUEXI PEIXUN JIAOCAI

推进和拓展中国式现代化案例选

教育·科技·人才篇

全国干部培训教材编审指导委员会组织编写

人民出版社
党建读物出版社

序　言

中国式现代化是强国建设、民族复兴的康庄大道，开辟的是人类迈向现代化的新道路，开创的是人类文明新形态。对我们党而言，这既是光荣的历史使命，也是严峻的现实考验，迫切需要以理论武装推动全党团结、事业发展。

理论强，才能方向明、人心齐、底气足。要巩固拓展主题教育成果，坚持不懈用新时代中国特色社会主义思想凝心铸魂，真正把马克思主义看家本领学到手，以思想高度统一确保政治统一、行动统一，全面提升与推进中国式现代化相适应的政治能力、领导能力、工作能力。要善于从党的创新理论中汲取踔厉奋发、勇毅前行的精神动力，坚定历史自信、锤炼斗争本领，始终以锐意进取、迎难而上的奋斗姿态奋进新征程、建功新时代。

道不可坐论，理不能空谈。学习党的创新理论的目的全在于运用。各级干部要发扬理论联系实际的马克思主义学风，自觉掌握运用好党的创新理论这一强大思想武器，紧紧围绕以中国式现代化全面推进强国建设、民族复兴伟业这个中心任务，持续解决制约高质量发展问题、群众急难愁盼问题、党的建设突出问题，有效防范化解重大风险，创造性开展工作，不断把党的二十大描绘的宏伟蓝图变成美好现实。

新时代以来，党的理论创新和实践创新是十分生动的，我们的学习也应该是生动的。这批教材集中反映了新时代的创新成果，展示了我们党推进和拓展中国式现代化的生动实践。各级干部要学好用好教材，当好中国式现代化建设的坚定行动派、实干家。

2024年2月28日

目　录

创新工程师队伍建设
打造产才融合新平台

——浙江创新建设特色产业工程师协同创新中心

【引言】2021年9月，习近平总书记在中央人才工作会议上强调，要培养大批卓越工程师，努力建设一支爱党报国、敬业奉献、具有突出技术创新能力、善于解决复杂工程问题的工程师队伍。这一重要讲话，为我们做好新时代工程师队伍建设指明了前进方向、提供了根本遵循。2023年第8期《求是》杂志发表习近平总书记的重要文章《加快构建新发展格局　把握未来发展主动权》。文章指出，要实现科教兴国战略、人才强国战略、创新驱动发展战略有效联动，坚持教育发展、科技创新、人才培养一体推进，形成良性循环；坚持原始创新、集成创新、开放创新一体设计，实现有效贯通；坚持创新链、产业链、人才链一体部署，推动深度融合。

【摘要】制造业是我国的立国之本、强国之基。

我国是世界上唯一拥有全部工业门类的国家，但是我国制造业总体上仍处于全球价值链的中低端，许多产业仍面临工程师数量不足、质量不高等问题。要解决这些问题，必须探索形成中国特色、世界水平的工程师培养体系，努力建设一支爱党报国、敬业奉献，具有突出技术创新能力，善于解决复杂工程问题的工程师队伍。

近年来，浙江省积极贯彻落实习近平总书记关于新时代人才工作的新理念新战略新举措，忠实践行“八八战略”，深入实施科技创新和人才强省首位战略，坚持党管人才、改革创新，面向特色产业集群，针对中小企业普遍面临的“单兵作战”引才难、“核心技术”攻克难、“共性需求”整合难、“独立自主”育才难和人才“发展梗阻”畅通难等突出问题，采取“一个特色产业＋一个共性技术平台＋一批共享工程师”的创建模式，布局建设一批特色产业工程师协同创新中心，走出了一条富有浙江特色的产才融合之路。

【关键词】产才融合　工程师　协同创新

一、背景情况

改革开放以来，浙江制造从农村工业起步，从无到有、蝶变升级，逐步形成具有鲜明区域特色的“块状经济”。2003 年，时任浙江省委书记的习近平同志作出“八八战略”重大决策部署，要求进一步发挥浙江的块状特色产业优势，加快先进制造业基地建设，走新型工业化道路。此后，历届浙江省委、省政府接续奋斗、开拓创新，开展产业集聚区和全球先进制造业基地建设。2022 年，浙江谋划启动“415X”先进制造业集群建设行动，全力打造世界级先进制造业集群。截至2022年底，全省“415X”先进制造业集群实现应税销售收入8.07万亿元、同比增长7.9%，规模占全省规模以上工业的74.7%，对全省规模以上工业增长贡献率达91.3%，成为浙江打造全球先进制造业基地的关键支柱。

浙江“415X”先进制造业集群

4	指重点发展新一代信息技术、高端装备、现代消费与健康、绿色石化与新材料4个万亿级世界级先进产业群。
15	指重点培育数字安防与网络通信、集成电路、智能光伏、高端软件、节能与新能源汽车及零部件、机器人与数控机床、节能环保与新能源装备、智能电气、高端船舶与海工装备、生物医药与医疗器械、现代纺织与服装、现代家具与智能家电、炼油化工、精细化工、高端新材料15个千亿级特色产业集群。
X	指重点聚焦“互联网+”、生命健康、新材料三大科创高地等前沿领域，重点培育若干高成长性百亿级“新星”产业群，使之成为特色产业集群后备军。

近年来，浙江省坚定不移走新型工业化道路，扎实推进卓越工程师培养工程，聚焦“415X”先进制造业集群，面向重点企业特别是中小企业，着力建设“1支重点人才队伍”——卓越工程师队伍，打造“1个重要平台”——特色产业工程师协同创新中心，全力推动产业和人才双轮驱动、双向赋能，充分激发人才第一资源活力，助力破解中小企业“单兵作战”引才难、“核心技术”攻克难、“共性需求”整合难、“独立自主”育才难和人才“发展梗阻”畅通难等突出问题，加快推动制造业和数字经济高质量发展。

特色产业工程师协同创新中心是聚焦区域特色产业，整合“政产学研用”资源，汇聚工程师人才，开展工程技术应用开发和服务推广，赋能中小企业转型升级，推动创新链产业链资金链人才链深度融合的重要平台。2019 年，浙江面向先进制造业集群和地方特色优势产业，按照“一个特色产业 + 一个共性技术平台 + 一批共享工程师”模式，由省委组织部牵头启动创建省级特色产业工程师协同创新中心。2022 年，为突出产业导向、强化产才融合，明确由产业主管部门牵头推进特色产业工程师协同创新中心建设。省经济和信息化厅接过接力棒后，在工业和信息化部及有关部门指导下，组织行业协会等专业力量，围绕工程师集聚规模、技术攻关、服务企业以及经费保障等关键要素，开展综合评估，谋划建立动态调整机制，推动特色产业工程师协同创新中心建设走深走实。截至 2022 年底，全省已建成特色产业工程师协同创新中心省级试点 14 家、市县两级试点 33 家，基本形成三级创建体系，实现 11 个地市全覆盖。

浙江省 14 家省级试点特色产业工程师协同创新中心

序号	名称
1	杭州（临平）未来智造工程师协同创新中心
2	杭州（萧山）信息技术工程师协同创新中心
3	宁波（北仑）高端装备产业海外工程师协同创新中心
4	温州（乐清）智能电气产业工程师协同创新中心
5	温州（瑞安）智能汽车零部件产业工程师协同创新中心
6	嘉兴（平湖）光电和智能制造产业工程师协同创新中心
7	湖州（德清）航空航天智能制造产业工程师协同创新中心
8	绍兴（柯桥）印染产业工程师协同创新中心
9	金华（义乌）信息光电产业工程师协同创新中心
10	衢州氟硅钴新材料产业工程师协同创新中心

续表

序号	名称
11	舟山智慧海洋产业工程师协同创新中心
12	台州（温岭）机电产业工程师协同创新中心
13	台州（天台）大车配产业工程师协同创新中心
14	丽水（龙泉）汽车空调产业工程师协同创新中心

二、主要做法

浙江各地工程师协同创新中心建设，在产业定位上不求“高大上”、不求“全链条”，通过政府引导、市场运作的方式，专职、兼职相结合，着力集聚一批海内外高水平工程师。以工程师为纽带，以项目为抓手，整合“政产学研用”等各方资源，开展协同创新，加强共性技术供给，服务产业高质量发展。

（一）构建聚才大网络，助力破解企业“单兵作战”引才难

针对中小企业引不到、养不起、留不住高水平工程师的问题，工程师协同创新中心汇聚政府、企业、院校、协会、服务机构多方力量，多层次搭建引智网络，多形式招引优秀工程师，多渠道增强人才供给。

譬如，海底电缆是跨海电能输送的关键装备，220 千伏以上高等级海底电缆的关键技术曾长期被国外企业垄断。宁波东方电缆股份有限公司在攻克这一“卡脖子”难题时，依托宁波（北仑）高端装备产业海外工程师协同创新中心引进一位来自希腊的工程师。这位“洋专家”不仅助力东方电缆抢占 525 千伏柔性直流海底电缆技

术制高点，还为企业培育了一个具备国际视野的创新团队，促进“外智”转“内智”。该中心成立3年多来，已集聚英国、美国等9个国家的海外引智机构，建立了集海外工程师库、企业库、技术库等于一体的“五库一网”。另外，如湖州市德清县努力在人才体制机制上谋求突破，专项核定60个事业编制给湖州（德清）航空航天智能制造产业工程师协同创新中心，助力中心招引集聚工程师人才，同时通过“中心聘用、企业使用”的办法，服务企业、服务产业创新。

类似的聚才做法还有很多，总体有三种：一是直接聘任法。工程师协同创新中心直接聘任具有较强实操能力的工程技术人才，培育“共享工程师”，就近服务中小企业，变“单家企业所有”为“区域企业共享”。二是柔性引进法。工程师协同创新中心加强与相关领域国际国内工程师机构对接，促成工程师资质互认和交流，依托

湖州（德清）航空航天智能制造产业工程师协同创新中心展厅

合作机构柔性引进顶尖工程师，实现“不求所有，但求所用”。三是院校合作法。工程师协同创新中心与产业关联度高的高校、科研院所合作，通过合作聘任、联合培养、培训交流等形式培养引进工程师。截至2022年底，全省14家省级试点中心已累计引进研发团队244个、全职工程师2214人、兼职工程师3824人、海外工程师408人，有效助力企业引才用才。

（二）探索攻关新模式，助力破解产业“核心技术”攻克难

针对企业技术攻关难题，工程师协同创新中心发挥人才要素和创新资源集聚优势，以协同创新、成果转化等方式，推动工程师和企业技术人员共同研发破解。截至2022年底，全省14家省级试点累计服务企业1.13万家次，解决共性技术难题534个、个性技术难题3485个，推动558项科研成果实现产业化。

1. 坚持问题导向，开展协同攻关。各地工程师协同创新中心通过组建工程师服务联盟等形式，归集企业个性技术难题形成“项目包”，利用“赛马”“揭榜挂帅”等机制，吸引高校院所工程师共同参与技术攻关，推动“企业出题、中心解题、多方助题”。例如，台州（温岭）机电产业工程师协同创新中心，通过举办创业创新大赛、“揭榜挂帅”技术攻关等方式，重点攻关电控、传感器、新型高效节能电机等温岭泵与电机产业链关键核心技术，成功孵化了2个电机电控项目和1个泵用传感器项目，并顺利实现产业化，填补了本地产业链空白，实现了机电产业的“延链补链强链”。

2. 坚持需求牵引，加速成果转化。各地工程师协同创新中心利用科技成果转化基金、工程师奖励基金等政策工具，与产业密切相关的高校科研院所建立深度合作关系，大力承接院校创新成果转移

转化，加速科研成果从“实验室”走向“生产车间”。例如，湖州（德清）航空航天智能制造产业工程师协同创新中心探索推行“中心 + 基金 + 产业园”发展模式，大力推进高校创新成果转移转化，已孵化工程师领衔企业 16 家。其中，由浙江大学创新团队领衔的海骆航空，成立 9 个月产值突破 2000 万元，税收突破 200 万元。

（三）打造服务大平台，助力破解行业“共性需求”整合难

针对过去产业平台整合难、效率低等问题，工程师协同创新中心集成场地、资源、设备等共性需求，建设公共技术平台，引导单体性、零星化平台有机联动，为中小企业和工程师提供精准、便捷、经济的配套保障。

1. 注重公共属性定位。工程师协同创新中心选址于产业集聚区域，采用整合已有公共场地或向企业租用的办法，避免重复建设，明确场地公共属性。

2. 注重公共平台建设。工程师协同创新中心通过政府购买与向企业租用相结合的方式建设公共服务平台，推广共性设备云端使用，探索建立错时使用、发放消费券使用等共享途径，扩大服务效能。例如，衢州氟硅钴新材料产业工程师协同创新中心，借助衢州高端电子材料产业平台，打造分析测试中心开放共享平台，已为近 100 家企业提供工艺安全风险咨询、火灾爆炸风险辨识、安全评估、分析检测等服务，大型仪器设备使用次数累计超过 1.62 万次。

3. 注重协同机制建设。工程师协同创新中心以智力协同为核心、企业协同为基础、平台协同为支撑、部门协同为保障，建立决策运行、成果转化、知识产权保护、联盟创新、市场化运营等机

制，探索建立共性技术破解行业共享、个性技术成果优先转让领衔团队等。例如，金华（义乌）信息光电产业工程师协同创新中心发挥龙头企业带头作用，以独特的“1+3+X”模式创建协同机制，“1”是协同创新综合服务中心，“3”是由政府联合 3 家龙头企业共建 LED 显示分中心、光伏分中心、OLED 电子纸分中心，“X”是参与共建的行业企业、高校院所、服务机构等。在中心的指导下，设立在龙头企业内的分中心实施仪器共享机制，依法依规向产业链上下游企业开放共享科研仪器设备。截至 2023 年，该中心已集聚工程师 449 人，共享研发设备 78 台（套）。

（四）构建产教融合新路径，助力破解“独立自主”育才难

针对中小企业没能力培养人才、养不起人才、留不住人才等问题，围绕产业链布局人才链，在引、育、用、留等方面出实招，加强人才队伍建设，将工程师协同创新中心打造成工程师训练营、孵化器、集散地。截至 2022 年底，全省 14 家省级试点共组织技术培训 10.2 万人次。

1. 协同培养，构建育才全新路径。杭州（萧山）信息技术工程师协同创新中心，依托北大信息技术高等研究院等机构，建立了“人才 + 产业”“人才 + 资本”“人才 + 实训”的协同创新机制，通过联合实验室、协同创新基金及技能实训基地构建了“三段式”人才赋能加速体系，培养既懂产业又懂技术的复合型人才。截至 2023 年，该中心已组织技术培训 2700 人次，培养工程师 1200 余人次。以萧山中心为代表，浙江各地深化创新培育形式和方法，开设专业技术课，开展工程师研讨沙龙等活动，选派工程师赴高校、海外进修深造，推动校企“双向奔赴”，让高校院所“接到了地气”，

企业“接上了天线”，缩短了从实验室到市场的距离。

2. 政策支持，激发人才创新活力。各地结合工程师协同创新中心建设，不断完善工程师引进、培养、评聘、培训、晋升等制度，加强工程师精准分类、制度保障，落实落细工程师人才政策，激发工程师创新活力。例如，杭州（临平）未来智造工程师协同创新中心创新打造“金红黄蓝白”“五钻”工程师培养体系，按成果、贡献等因素制定“五钻”分类标准，分类施策加快培养。

杭州（临平）未来智造工程师协同创新中心“五钻”工程师培养体系

紧扣“金钻”工程师建平台、创品牌、育产业的高阶需求，深入推进协同创新中心建设，建成高能级创新平台，打造工程师工作室，更好发挥卓越工程师集聚高能级创新资源、引领产业变革的作用。
针对“红钻”工程师需要更好环境、更大平台的发展意愿，面向全国开展工程师“精英计划”“卓越计划”等双创大赛，集聚更多能领导创新团队的工程技术拔尖人才。
围绕“黄钻”工程师综合能力提升，落地国家级智能制造培训基地、华为临平未来智造工程师培育中心，组织“未来智造”研修班、交流共促会等，培育壮大工程技术中坚人才。
针对“蓝钻”工程师支持政策覆盖缺位、城市归属感缺乏、长期发展意愿缺失的痛点，出台“企业核心员工”专项政策，按企业贡献度给予住房、教育等人才服务保障名额，优待工程技术高潜力人才。
紧扣“白钻”工程师入门入行、提升技艺的需求，校企联合培育挖潜工程技术储备人才。

（五）塑造数字治理新机制，破解人才“发展梗阻”畅通难

深入贯彻省委数字化改革决策部署，大力推进数字经济系统建设，利用数字化手段，提升人才治理能力现代化，助力工程师协同

创新提高技术、人才、数据配置效率，不断强化数字赋能，放大人才效能、扩大辐射面。例如，绍兴（柯桥）印染产业工程师协同创新中心，依托“浙里工程师”重大数字化应用，打造围绕企业实际需求、人才价值实现、产业协同发展的云服务平台，形成集资源共享、协同创新、产才共融为一体的数字化集成交互式服务网络，大大提升人才管理和配置效率。自上线以来，“浙里工程师”已吸引941家纺织印染全产业链企业、7.1万余名行业从业人员入驻，平均月活量超30万人次，累计开展“产业问答”解决问题约1.58万个，“远程问诊”800余次，“云课堂”开放专业技术课程1052门，学习人次达到388万余人次。“浙里工程师”也被纳入浙江省首批12项数字经济系统多跨应用场景“揭榜挂帅”项目。

三、经验启示

浙江省通过特色产业工程师协同创新中心建设，汇聚政府、高校、企业、协会等多方力量，整合各类创新资源要素，引进培育一批具有突出技术创新能力、善于解决复杂工程问题的卓越工程师，整合中小企业共性技术需求，提供技术攻关、成果转化、设备共享、人才培养、交流合作等创新服务，探索形成了产学研结合、上中下游衔接、大中小企业协同的良好创新格局，有力助推了区域经济高质量发展。

1. 坚持党的全面领导是推动产才融合的根本保证。浙江坚持在省委人才工作领导小组的统一领导下，凝聚组织、发改、经信、教育、科技、财政、人社等多部门的深度协作和资源集聚，强化产业与人才的深度融合，形成各地积极响应、密切配合的工作格局，集聚更多工程师人才赋能产业升级。

2. 贴近特色产业需求是推动产才融合的出发点和落脚点。特色产业是工程师协同创新中心建设的关键所在，浙江立足具有一定规模基础和比较优势的特色产业集群，在中心选址上突出企业集聚、产业集群，在产业定位上不求“高大上”“全链条”，坚持从产业创新发展中的痛点出发，打通创新策源的“最初一公里”、科研成果产业化的“最后一公里”，破解束缚产业创新发展的瓶颈。

3. 发挥人才驱动作用是推动产才融合的本质要求。创新驱动本质上是人才驱动，人才带动项目、项目引领产业、产业集聚人才。浙江引导工程师协同创新中心，整合各平台服务资源，发挥人才技术资源优势，以企业技术需求为导向，通过持续深化产教融合、产才融合，依托重点平台，实现引进、集聚、培育、用好各领域各层级产业人才的目标，从而提升工程师“集聚度、活跃度、贡献度”和企业“认可度、参与度、满意度”。

4. 深化体制机制改革是推动产才融合的关键一招。机制改革是推动人才发展的关键，哪里体制优、机制活，高端人才就流向哪里，产业制高点和发展竞争力就转向哪里。为避免产业人才引进培养与产业发展需求“脱靶”，工程师协同创新中心不单是对人才、技术、平台、资源、服务等创新要素进行功能整合，还要聚焦产业人才创新创业全周期“闭环”，进行体制机制的系统性、重塑性变革。唯有推动产才融合制度改革、政策对接和双向赋能，积极创新工作举措，破解人才使用、成长、发展、评价中的难题，才能进一步提升人才和企业的获得感、满意度。

5. 建立市场化长效机制是推动产才融合的根本路径。浙江建设特色产业工程师协同创新中心始终坚持“政府引导、市场主导”的基本原则，突出企业化管理、市场化运行，推动中心建设运营主体探索技术服务、人才培训、技术转让等营利模式，形成自我造血功能。实际建设过程中，也发现存在单靠政府运行、不容易搞活，纯靠自身运行、不容易生存等问题，部分工程师协同创新中心仍然有突出的“政府依赖症”，需要予以关注，继续探索实践，寻求长效运作机制。

思考题

1. 类似于特色产业工程师协同创新中心这样的产才融合平台，其存在和发展的内在逻辑是什么？

2. 结合浙江省特色产业工程师协同创新中心建设经验，谈谈政府可以在哪些方面发力，推进产才融合发展。

3. 如何依托特色产业工程师协同创新中心这一重要平台，通过加强机制创新，进一步引进、集聚、培育、用好产业人才？

坚持自主创新 矢志“追光逐芯”

——武汉·中国光谷“三位一体”融合带动产业发展

【引言】2022年10月16日，习近平总书记在党的二十大报告中指出：“教育、科技、人才是全面建设社会主义现代化国家的基础性、战略性支撑。必须坚持科技是第一生产力、人才是第一资源、创新是第一动力，深入实施科教兴国战略、人才强国战略、创新驱动发展战略，开辟发展新领域新赛道，不断塑造发展新动能新优势。”2023年第8期《求是》杂志发表习近平总书记的重要文章《加快构建新发展格局 把握未来发展主动权》。文章指出，要实现科教兴国战略、人才强国战略、创新驱动发展战略有效联动，坚持教育发展、科技创新、人才培养一体推进，形成良性循环；坚持原始创新、集成创新、开放创新一体设计，实现有效贯通；坚持创新链、产业链、人才链一体部署，推动深度融合。

【摘要】新发展理念，创新是第一位的。具有自主知识产权的核心技术，是企业的“命门”所在。

东湖高新区是首批国家级高新区，是全球最大的光通信研发生产基地，被誉为“中国光谷”。因“光”而兴、以“光”闻名，这里秉承“发展高科技、实现产业化”的初心和使命，充分发挥武汉市科教、人才、区位等优势，确立光电子信息产业发展主轴，坚定不移走自主创新道路。坚持系统观念，持续优化资源配置，一体推进教育、科技、人才深度融合、协调联动，为做大做强光电子信息产业提供坚实支撑。深化产教融合，强化人才培养的实践性和针对性，动态调整优化高校学科设置；启动实施“3551 光谷人才计划”，率先推出“人才注册积分制”，不断优化人才工作体系；先后推行科技成果转化“四级跳”、“黄金十条”知识产权三权下放等系列创新举措，助力核心科技突破，推动创新链、产业链与人才链深度融合，形成光电子信息产业核心竞争力。现代化的光电子信息产业集群，反过来也促进了教育、科技、人才事业的发展。经过不懈努力，光谷的光电子信息产业已涵盖了“光芯屏端网”等战略性新兴产业，并入选国家先进制造业集群，光电子信息产业规模达到 6000 亿元，成为代表中国参与全球光电子竞争的“国家队”。

【关键词】光谷　光电子信息产业　创新驱动

一、背景情况

1976 年，武汉邮电科学研究院研究员赵梓森在一间简陋的实验室里拉出中国第一根实用光纤，为武汉带来了“一束光”。1984 年，湖北省、武汉市主动到国务院申请立项，在东湖畔兴办新技术经济小区。1988 年，武汉东湖新技术开发区正式成立，简称东湖高新区。“发展高科技、实现产业化”自此成为东湖高新区成立的初心和不变的使命。1991 年，东湖高新区成为首批 26 个国家高新技术产业开发区之一。

进入 21 世纪，武汉的发展也面临着新的问题：一是面对各种国内外冲击，钢铁、化工、纺织等传统优势产业发展举步维艰；二是武汉不沿海、缺资金，没有太大区位优势；三是武汉高校众多，但科研和经济生产脱节，新技术转化为生产力的效率不高。从世界范围看，各国新技术及竞争的焦点正从微电子产业转向光电子信息产业。为了发挥武汉在光纤等光电子信息产业领域的先发优势，赵梓森、周济等 26 名在汉院士专家联名倡议，湖北省、武汉市也抢抓历史发展机遇、全力争取。2001 年国家光电子信息产业基地——“武汉·中国光谷”正式获批。东湖高新区自此进入发展光电子信息产业、建设“武汉·中国光谷”的历史新阶段。

成立之初的光谷，并不被外界看好。而正是这样的创业之艰，让光谷从一开始就体会到了和创业者一样的拓荒精神、“铁棚精

光谷地标“马蹄莲”——武汉新能源研究院大楼

神”，并树立了“保护创业者、尊重纳税人，为科技人员保驾护航”的服务理念。渐渐地，光谷优惠的政策环境和宽松的发展环境，吸引了越来越多科研院所的技术人员和高校老师，带着自己的技术和科研成果，来到光谷创业，这些高科技企业奠定了光谷发展的基础。

如今的光谷，培育出了一批知名的行业领军企业，光电子信息产业规模达到6000亿元，是全球最大的光纤光缆研制基地，全国最大的光器件研发生产基地、中小尺寸显示面板基地和激光产业基地，入选国家先进制造业集群，成为代表中国参与全球光电子竞争的“国家队”。

二、主要做法

经过30余年的发展，光谷的面积由24平方公里拓展至518平方公里，常住人口达118万，地区生产总值跨越2600亿元大关，稳居全国10家“世界一流高科技园区”前列，实现了从“一束光”到一座“创新城”的蝶变。光谷在“追光逐芯”的跨越式发展过程中，探索出一条以高科技产业为载体，教育、科技、人才“三位一体”融合发展，提升区域高质量发展动能的实践道路。

（一）立足本地科教资源，打开产业发展“起手式”

东湖高新区筹划时，尽管明确了科技孵化的发展模式，但对重点产业方向却没有形成统一意见。1998年7月，在一次交流中，有位专家展示了一幅武汉光电子研究与生产企业的介绍图。大家惊喜地发现，这些企业均分布在当时的华中理工大学周围。

这引起了武汉市委、市政府的高度重视，决定将光电子信息产业作为武汉市和东湖高新区主导产业来发展。2001 年，原国家发展计划委员会、科技部正式批复同意武汉依托东湖高新区建设“武汉·中国光谷”。可以说，光谷的诞生与本地丰富的科教资源有着密不可分的联系。

明确了产业方向后，“一穷二白”的光谷决定将进一步挖掘整合高校科研院所资源作为发展光电子信息产业的第一步。光谷周边的 42 所高等院校、56 个科研院所中，武汉邮电科学研究院是中国光通信的发源地，华中科技大学、武汉大学、武汉理工大学分别拥有光学工程、机械工程、测绘科学与技术、材料工程等 A+ 学科。凭借建设全国第一家科技企业孵化器东创中心的经验，光谷于 1999 年启动建设东湖高新区大学科技园，成为科技部、教育部首批认定的 22 个国家大学科技园之一。从华中科技大学校办工厂起家的华工科技产业股份有限公司，正是从大学科技园走出的中国高校成果产业化的先行者和光谷实现高科技产业自立自强的典型代表，共创下 60 多项国内行业第一，包括我国首个半导体激光器芯片、首台高性能光纤激光器、首套工业级紫外激光器等。2000 年，华工科技在深交所挂牌上市，成为“中国激光第一股”。

依托丰富的科教资源，武汉大学、武汉理工大学、华中师范大学等纷纷在光谷建设大学科技园。一座座大学科技园，成为孵化高科技企业的摇篮，带动光谷涌现出 63 家上市公司。

（二）持续吸引人才集聚，施展产业支撑“连环招”

光谷在产业培育过程中，迅速认识到人才对于产业发展的关键支撑作用。2009 年，光谷启动建设人才特区，实施“3551 光谷人才计划”，在光电子信息等重点产业领域引进和培育高层次人才，成为全国最早实施人才计划并坚持至今的地区之一。在海外学习工作了近20年的肖博士是该政策的首批受益者之一。2009年，他带着自己的发明专利回国寻找创业机会，却因没有成型产品四处碰壁。正是“3551光谷人才计划”的500万元无偿支持，让他的创业梦得以真正落地，他所创办的科技公司也一跃成长为估值10亿美元以上的独角兽企业。在以“3551光谷人才计划”为代表的光谷人才政策的吸引和支持下，一批行业顶尖人才陆续回国、扎根光谷，推动光谷创新发展迎来新的高峰。

高层次人才的加入，为吸引更多人才集聚光谷提供了榜样和示范。2017年以来，光谷每年平均吸引超过10万名大学生创业就业。以华中科技大学为例，近三年，每年超过40%的毕业生选择留鄂留汉，且比例逐年增加，其中近两成为光电子类专业毕业生。2023年，该校硕博毕业生留鄂留汉比例首次超过50%。

随着产业的发展和人才数量的增加，光谷持续优化人才集聚体制机制。2021年，光谷启动建设人才发展先行示范区，围绕人才评价、激励、服务、培养等关键环节，进一步深化体制机制改革。率先推出“人才注册积分制”——人才在系统上注册填写基本信息“跑分”，积分结果直接匹配人才评价和支持政策。这一创新举措取消学历、职称、论文、奖项等准入性门槛，转而以创新价值和贡献产出为导向，通过一系列客观可量化的评价指标，对人才进行全方位综合评价。该做法以其评价的客观性和直观性大幅缩减人才和企业在申报人才政策过程中的精力投入，得到人才和企业的积极响应。2021年和2022年，光谷人才政策申报数分别为1466人和3709人，同比增加108%和153%。

（三）聚焦核心科技突破，打出产业升级“组合拳”

光谷始终坚定“发展高科技、实现产业化”的目标，以关键核心技术突破构筑光电子信息产业发展“护城河”。从“高校产生—孵化器孵化—科技园成长—产业园发展”的科技成果转化“四级跳”模式，到率先发布将科技成果处置权、收益权下放到科技人员和创新团队“黄金十条”，再到每年5亿元专项支持企业科技“硬核”突破的“硬核科技十条”，光谷不断推进改革试点，激发科研人员和企业突破核心技术的积极性。

2012年，武汉光电工业技术研究院成立，它是武汉市政府和华中科技大学共建的科技供给、协同创新和产业服务平台。该院成立之初，就通过“黄金十条”推动显微光学切片断层成像系统（MOST）知识产权组以1000万元价格挂牌交易，转化收益70%归研发团队。这笔交易一举创下科技成果转让“标底国内最大、个人及团队分配比例最高”两项纪录，为我国促进科技成果转化法的修订提供了重要参考，推动了高校知识产权处置权、审批权、收益权的下放改革。截至2023年，该研究院已获得国家级科技企业孵化器等多项国家级认定，培育出200余家、总估值超百亿元规模的光电子信息企业。

以14家国家级制造业单项冠军、150家国家级专精特新“小巨人”企业为代表的光电子信息产业集群，成为光谷科技创新的主力军。进入新时代，光谷以更大力度推动科技创新，2022年研发经费投入强度达到9.5%，是全国平均水平的3.8倍。全国首台最大功率10万瓦的工业光纤激光器、全球最大尺寸光纤预制棒、全球首款128层三维闪存存储芯片、首颗北斗高精度AI控制芯片等一系列重大产业科技成果相继在光谷问世。截至2022年，光谷已累计培育5249家高新技术企业，居全国高新区第四位，制定修订国际标准94项、国家标准535项、行业标准660项。科技创新已成为光谷争夺国际产业竞争话语权的最强底气。

（四）产业反哺科教人才，绘就“三位一体”“同心圆”

光谷光电子信息产业是教育、科技、人才共同支撑的结果，而现代化的产业体系也促进了教育、科技、人才的发展。

产业的发展，促进了高校教育模式向产教融合转变。为强化人才培养的实践性和针对性，全省高校新增一大批光电子信息产业国家级和省级一流学科建设点。2022年，光谷作为全国首批5家试点园区之一，承接工程硕博士培养改革专项试点工作。21家光谷企业与高校共同招录260名工程硕博士。工程硕博士在完成高校课程后，将在企业开展2—3年的深入实践，提升解决实际产业问题的能力。近年来，国家先后布局了国家集成电路产教融合创新平台、未来技术学院、卓越工程师计划以及未来科技园建设试点四大项目，深度参与光谷产业发展的华中科技大学是唯一四大项目全部入选的高校。

产业的发展，促进了引才主体向产业企业转变。政府由引才“主攻手”向“助攻手”过渡，充分发挥产业企业在引才、用才、留才方面的主体作用。树立“人才好不好，企业说了算”的理念，赋予骨干企业和重大创新平台人才举荐权和职称自主评审权。汇集企业重要岗位需求，发布“东湖科学城招贤榜”，面向全球招募年薪100万元以上的技术带头人或核心高管，“即引即认”为高层次人才。2021年12月，通过“东湖科学城招贤榜”，一位曾在国外

2021 年 7 月，光谷发布“东湖科学城招贤榜”

知名企业任职的科技人才受邀加入一家国内科技公司担任 CTO（首席技术官），并带领企业于 2023 年初实现首颗第三代 MCU（单片微型计算机）芯片量产供货，具备国内顶尖水平的第四代 MCU 芯片也有望在不久后面世。2023 年 8 月，该科技公司入选湖北省“潜在独角兽”企业名单。

产业的发展，促进了科技创新向满足产业需求导向转变。2021 年 6 月，武汉市政府在东湖高新区成立武汉产业创新发展研究院，通过与行业龙头企业合作组建成立一批企业联合创新中心和联合体组织，共同推动关键领域的核心技术研发与产业化，促进产业链上下游更加紧密高效合作。2023 年 2 月，该院联合全球首个通过自研人工智能系统开发高端存储芯片的北京特纳飞电子技术有限公司，成立高端存储创新中心，开发和量产高端消费级固态存储产品，推动光谷存储器生态进一步发展。2023 年，光谷推进以用为导向的科创供应链体系建设，探索以产业链为切入点、以企业为主体、以用为导向的科创供需匹配新路径，着力解决要素分散、供需错配、能级不强等短板弱项，打造要素富集、供应顺畅、配置高效的科技创新体系。

三、经验启示

近些年来，光谷紧密围绕光电子信息产业发展竞争格局，深入实施建链补链延链计划。在持续支持激光和光通信等已有优势产业领域发展的基础上，加大对集成电路、新型显示产业培育力度，逐步构建了包含“光”（光通信和激光）、“芯”（集成电路）、“屏”（新型显示）、“端”（智能终端）、“网”（互联网）的战略性新兴产业集群，极大丰富了光电子信息产业的内涵和容量。

1. 必须坚持政治引领，牢记“国之大者”。习近平总书记在光谷考察时强调，深入实施创新驱动发展战略，把科技的命脉牢牢掌握在自己手中，在科技自立自强上取得更大进展，不断提升我国发展独立性、自主性、安全性，催生更多新技术新产业，开辟经济发展的新领域新赛道，形成国际竞争新优势。光谷心怀“国之大者”，以国家总体产业战略布局为指引，针对我国“缺芯少屏”等高端产业发展短板，加大对集成电路、新型显示等新兴产业培育力度，并超前布局国产数据库、国产操作系统等光电子信息底层技术产业。光谷正加快构建以“国家实验室＋重大科技基础设施＋国家级创新中心＋新型研发机构”的国家战略科技力量矩阵，涌现出一批国内首创、世界领先的创新成果，大幅提升了我国在光电子信息产业领域的国际竞争力。

2. 必须坚持目标导向，紧盯产业建设。现代化产业体系是现代化经济体系的重要内容，建设现代化产业体系是构建新发展格局、推动高质量发展的必然要求。习近平总书记高度重视现代化产业体系建设，明确要求“打造自主可控、安全可靠、竞争力强的现代化产业体系”。长期以来，光谷没有被资本追逐的浪潮所左右，更没有盲目贪大求全、与其他高新区同质化竞争，而是充分发挥武汉的教育、科技、人才等优势，科学确定以光电子信息为主导产业的战略发展方向，并坚持系统观念，始终围绕做大做强光电子信息产业，优化资源配置，实现科技同兴、人才共享、产业同链，以教育、科技、人才“三位一体”融合带动产业发展。

3. 必须坚持问题导向，先行先试改革创新。习近平总书记强调，实施创新驱动发展战略是一项系统工程，最为紧迫的是要进一步解放思想，加快科技体制改革步伐，破除一切束缚创新驱动发展的观念和体制机制障碍。光谷始终围绕问题所在、实践所需，先行先试启动改革创新，不断推动以制度创新引领产业发展。从创办第一家科技企业孵化器到率先推出“黄金十条”，着力破解科技成果转化难题；从坚持实施“3551 光谷人才计划”到率先推出“人才注册积分制”，着力破解人才集聚难题；从率先实现干部全员聘任制到打造专业化、市场化、投行化的政府机关，着力破解政府高效服务产业发展的难题。

4. 必须坚持久久为功，保持战略定力。习近平总书记强调，各级领导班子要牢记党和人民嘱托，发扬“功成不必在我、功成必定有我”的精神，坚持一张蓝图绘到底，对已有的部署和规划，只要是科学的、切合新的实践要求的、符合人民群众愿望的，就要坚持，一茬接着一茬干。回顾光谷发展历程，光电子信息产业也经历过高峰与低谷，但即使面对国际上出现电子器件、通信设备的大量积压和相关公司亏损，光谷也没有动摇发展光电子信息产业的决心。30多年如一日，坚持不懈把特色做特、把亮点做亮、把优势做优，在低潮时坚守、在高潮时进取，跨越了产业发展的周期性波动，在新时代又迎来了更快速的发展，逐步构建了足够宽、足够深的产业“护城河”，形成了独树一帜的光谷光电子信息产业集群赛道。

思考题

1. 光谷在打造独树一帜的光电子信息产业过程中的创新做法有哪些？

2. 光谷搭建“三位一体”融合平台支撑现代化产业体系的经验启示对你所在地区有何借鉴？

立德树人 “大思政课”善用之

——湖南大学创新打造“移动”思政课堂

【引言】2020年9月，习近平总书记在岳麓书院考察调研时，充分肯定并点赞湖南大学打造的“移动”思政课堂，指出：“你们的这个讲法，是对路子的！”2021年3月，习近平总书记看望参加全国政协会议的医药卫生界教育界委员时强调，“大思政课”我们要善用之，一定要跟现实结合起来；思政课不仅应该在课堂上讲，也应该在社会生活中来讲。2023年5月，习近平总书记在主持二十届中央政治局第五次集体学习时强调，坚持改革创新，推进大中小学思想政治教育一体化建设，提高思政课的针对性和吸引力。

【摘要】2012年起，湖南大学运用“移动”课堂开展实践教学，推动思政课改革创新，打造富有亲和力的思政课堂，实现了理论性和实践性的统一。在岳麓山脚下，让学生感受中华优秀传统文化文脉，弘扬经世致用学风；在韶山这片红色沃土，师生集体朗诵《沁园春·长沙》《七律·到韶山》，传承红色基因；在橘子洲头，回顾长沙这座“红色星城”的历史足迹，感悟中国式现代化建设取得的辉煌成就；在十八洞村，带领学生切身感受习近平总书记“精准扶贫”重要论述的思想伟力与实践成就。党的十八大以来，湖南大学近3万名本科生通过“移动”思政课堂进农村、入社区、下基层，用脚步丈量祖国大地，在接续奋斗中践行不负青春、不负韶华、不负时代的誓言。坚持改革创新，更好推进“大思政课”建设，在解疑释惑、回应关切中彰显思政理论的现实说服力，让学生真听、真信、真用，扎实做好互联网时代的学校思想政治工作和意识形态工作。

【关键词】“大思政课”建设　实践教学　“移动”思政课堂

一、背景情况

坚持不懈用习近平新时代中国特色社会主义思想铸魂育人，就要着力加强社会主义核心价值观教育，引导学生树立坚定的理想信念。

党的十八大以来，以习近平同志为核心的党中央高度重视“大思政课”建设，强调推动思政课改革创新，不断增强思政课思想性、理论性和亲和力、针对性。湖南大学深入贯彻落实习近平总书记关于“大思政课”建设的重要指示精神，依托全国重点马克思主义学院综合优势，以“思想政治理论课社会实践”国家级一流本科课程为基础，以国家级教学成果奖“基于‘移动课堂’的高校思想政治理论课实践教学创新与实践”为推广载体，带领学生身临历史文化古迹、红色革命教育基地，组织学生走进田间地头，不断强化专业支撑，系统性、常态化打造富有亲和力、深受学生欢迎的“移动”思政课堂，在解惑解渴中提升铸魂育人实效。

二、主要做法

湖南大学深入贯彻落实习近平总书记重要指示精神，把“移动”思政课堂扎根于深厚的湖湘文化沃土，激活中华优秀传统历史文化资源，赓续红色基因，扎根田间地头，协同推进课程思政与思政课程同向同行，鼓舞师生们用实际行动践行使命担当。

（一）传承文脉的“移动”思政课堂

前临碧波荡漾的湘江，后倚秀如琢玉的岳麓山，千年学府、百年名校——湖南大学巍然屹立于此。历经千年、弦歌不绝，这所学

湖南大学在岳麓书院“实事求是”匾额处开展“移动”思政课堂

府始终保持文化教育的连续性，以传道济民为己任。

“是非审之于己，毁誉听之于人，得失安之于数，陟岳麓峰头，朗月清风，太极悠然可会；君亲恩何以酬，民物命何以立，圣贤道何以传，登赫曦台上，衡云湘水，斯文定有攸归。”“移动”思政课堂的老师们在岳麓书院一副楹联前讲授习近平文化思想，向学生们传达“经世济民、扶危济困”的育人理念及民生情怀，引导学生深刻领悟“两个结合”的重要意义，坚定文化自信、胸怀天下、热爱国家、心系人民，把国计民生牢记在心。在书院“实事求是”匾额前讲述“党的实事求是思想路线传承与发展”，教育一代代湖大学子弘扬实事求是优良传统，志存高远、求真务实、脚踏实地，自觉投入建设社会主义现代化国家、实现中华民族伟大复兴的不懈奋斗之中。

（二）赓续红色基因的“移动”思政课堂

近代以来，无数湖湘仁人志士前赴后继，抛头颅、洒热血，为中国革命胜利作出巨大贡献和牺牲，将“心忧天下、敢为人先”的湖湘精神镌刻在这一方红色热土。

湖湘大地上的人文历史景点、红色教育基地都是湖南大学“移动”思政课堂的讲台。在毛泽东同志故居，讲授习近平总书记在纪念毛泽东同志诞辰130周年座谈会上的重要讲话；在韶山这片红色沃土，师生集体朗诵《七律·到韶山》，弘扬革命文化，传承红色基因。在新民学会旧址、中共湘区委员会旧址、雷锋纪念馆，讲授中国共产党人的初心和使命；在橘子洲头，师生集体朗诵《沁园春·长沙》，回顾长沙这座“红色星城”的历史足迹，感悟中国特色社会主义现代化建设取得的辉煌成就。在湖南大学老图书馆遗址，重温习近平总书记关于抗战历史的重要讲话，同学们触摸着花岗岩门柱上日军轰炸留下的深深弹孔，真切地懂得："这些是日军侵华的罪证，也是国家蒙辱、人民蒙难、文明蒙尘的悲惨记忆，警醒我们不能忘记肩上的责任。"在芷江侗族自治县，师生们来到中国人民抗日战争胜利受降纪念馆、湖南抗日战争纪念馆、龙津风雨桥及飞虎队纪念馆等红色革命旧址，弘扬伟大抗战精神，感受革命历史、革命传统和革命精神，从历史中汲取智慧和力量，不断攻坚克难、奋勇向前。

（三）扎根田间地头的"移动"思政课堂

党的十八大以来，湖南大学近3万名本科生及部分研究生奔赴全国30多个县市、乡镇，与农民同吃住，面向基层宣讲习近平新时代中国特色社会主义思想，让思政课堂进农村、入社区、下基

湖南大学安排在田间地头的"移动"思政课堂

层，让大学生在社会实践中客观认识世情、国情和党情。

在湖南大学定点扶贫县——原国家级贫困县隆回县，讲授习近平总书记关于扶贫工作的重要论述；在十八洞村，让学生亲身体悟精准扶贫首倡地的“山乡巨变”；在国家超算长沙中心、株洲中车时代电气股份有限公司高铁生产线，讲授习近平总书记关于科技创新的重要论述，让学生在理论与实践相结合中了解国情、见证成就，坚定理想信念、厚植爱国情怀，明确肩负的历史责任。

日常宣讲活动也在有序开展。湖南大学马克思主义学院博士理论宣讲团来到长沙市雨花区砂子塘街道，为金科园社区全体党员送上“家门口的‘移动’思政课堂”——《社区也要讲马克思主义》。通过马克思主义理论宣讲，引导学生把个人的理想追求融入国家和民族的伟大事业之中。

（四）践行使命担当的“移动”思政课堂

26 年如一日的守正创新，“移动”思政课堂如今已成为湖南大学特色思政育人品牌。参与“移动”思政课堂的师生，始终坚持走进基层、融入群众，用实际行动践行“请党放心，强国有我”的使命担当。

在脱贫攻坚中，贡献青春力量。一位来自江西萍乡的男同学曾参加邵阳隆回县虎形山瑶族乡白水洞村的扶贫点思政课，2018 年他成为选调生，去隆回县参与精准扶贫工作。“我要在祖国最需要的地方贡献自己的青春。”在这位同学的心中，参加“移动”思政课堂的经历带给他的影响是终身的。

在乡村振兴中，锤炼为民本领。另一位女同学在 2017 年从湖南大学硕士毕业后，选择回去建设家乡，成为广西定向选调生。

2018年7月，她主动要求到“十三五”贫困村富川瑶族自治县福利镇务溪村开展驻村工作，成了脱贫攻坚工作队的分队长。这位同学深受“移动”思政课堂启发，开展大走访活动，倾听群众心声，了解群众需求，竭尽所能帮助他们解决生活上的困难，不仅驻进了村里，还住进了群众的心里。在她和队员们的努力下，所驻上楠村的茶产业兴起来了，蜜蜂养殖产业发展起来了，带动了群众脱贫致富的积极性，也增加了群众收入。

在抗击疫情中，彰显勇气力量。2022年3月26日，湖南大学发生新冠疫情。湖南大学青年思政课教师主动请缨，加入抗疫一线。他们在完成繁重疫情防控工作的同时，还要认真备课、确保线上思政课的教学质量。“脚不着地”的园区服务与井然有序的教学任务穿插交织，共同打造了一堂堂生动的思政课。

（五）协同创新的“移动”思政课堂

协同推进课程思政与思政课程同向同行。“移动”思政课堂团队成员与建筑学院团队合力开展思政课与专业课融合试点网络教学活动。双方采取对话形式，将建筑学专业课程内容、专业助力扶贫的经历巧妙融入思政课中，“配方”先进、“工艺”精湛、“包装”时尚，不仅增强了思政课的思想性、理论性和亲和力、针对性，而且打破了学科壁垒，推进思政教学和专业教学的有机融合，提高了学生的学习积极性。“移动”思政课堂团队成员还和机械与运载工程学院、工商管理学院的专业教师一同研讨课程思政建设。这样的课程间“移动”，在湖南大学已经成为一种常态，课程思政与思政课程深度协同的整体育人效应不断增强。

协同推进大中小学思政课一体化建设。多年来，湖南大学“移动”思政课堂走进中小学，促进大中小学思政课协同互动，加强与中小学思政课教师的教研合作，推进大中小学思政课一体化建设，实现全员育人、全过程育人、全方位育人。

协同推进线下教学与线上互动同频共振。在课堂教学中，湖南大学注重将主流媒体“移”进思政课堂，结合最新时政要闻，聊学生感兴趣的热点话题，让学生第一时间了解中国特色社会主义最新实践、最新成就和马克思主义中国化时代化最新成果。线下教学提炼学生关心的时政热点，线上互动了解学生思想实际和困惑，以问题为牵引开展教学，切实提升思政课的针对性和吸引力，推进党的最新理论成果入脑入心。

三、经验启示

近年来，湖南大学坚持理论性和实践性相统一，以全国重点马克思主义学院为依托，充分整合校内外历史文化资源，把思政课堂从教室搬到社会，积极打造“移动”思政课堂，深受广大学生喜爱。

1. 善用“大思政课”资源，开辟学习宣传习近平新时代中国特色社会主义思想的有效路径。湖南大学“移动”思政课堂注重整合校内外历史文化资源与思政元素，把“思政小课堂”与“社会大课堂”结合起来。开展“沿着习近平总书记的足迹学党史”思政课暑期调研活动，带领师生走进沙洲村、十八洞村等。实地宣传习近平新时代中国特色社会主义思想，让学生在社会实践中掌握马克思主义中国化时代化最新成果，开辟了课堂教学与实践教学有机融合开展习近平新时代中国特色社会主义思想宣传的新路。

2. 牢记“立德树人”根本任务，引导学生坚定不移听党话跟党走。湖南大学“移动”思政课堂紧扣铸魂育人使命任务，在不断创新的课堂形态中坚守“思政课的本质是讲道理”，注重培养学生的爱国情怀、社会责任感、创新精神、实践能力，提高他们运用马克思主义立场、观点、方法分析问题解决问题的能力，引导广大青年学子牢记习近平总书记的嘱托，不负青春、不负韶华、不负时代，树立正确的世界观、人生观、价值观，不断丰富理论知识，提升专业素养，为实现中华民族伟大复兴贡献聪明才智。

3. 加强党对思政课建设的领导，强化“三全育人”坚强保障，推动教育强国建设。学校党委会和校长办公会每年都会结合习近平总书记最新重要讲话精神专题研究思政课建设，持续擦亮“移动”思政课堂“湖大品牌”。在校党委坚强领导下，“移动”思政课堂致力于传承文化根脉、赓续红色基因、扎根田间地头，践行为党育人、为国育才神圣使命，形成了党委统一领导、党政齐抓共管、有关部门各负其责、马克思主义学院与专业院系协同配合的“三全育人”创新工作格局。

思考题

1. 湖南大学“移动”思政课堂是如何用习近平新时代中国特色社会主义思想铸魂育人的？

2. 湖南大学“移动”思政课堂与以往的思政课有哪些不同？

3. 湖南大学“移动”思政课堂是如何充分发挥学生主体作用的？

大力推进职业教育改革创新 助力经济社会高质量发展

——天津发展现代职业教育的探索与实践

【引言】2022 年 8 月，习近平总书记向世界职业技术教育发展大会致贺信，并指出，职业教育与经济社会发展紧密相连，对促进就业创业、助力经济社会发展、增进人民福祉具有重要意义。2022 年 10 月 16 日，习近平总书记在党的二十大报告中指出，统筹职业教育、高等教育、继续教育协同创新，推进职普融通、产教融合、科教融汇，优化职业教育类型定位。

【摘要】建设现代职业教育体系是深入贯彻落实党中央关于职业教育工作决策部署的重点任务。2005 年 8 月，教育部和天津市政府签订"国家职业教育改革试验区"共建协议；2010 年 3 月，教育部和天津市政府签订"国家职业教育改革创新示范区"共建协议；2015 年 7 月，教育部和天津市政府签订"国家现代职业教育改革创新示范区"共建协议；2022 年 1 月，教育部和天津市政府联合印发《关于深化产教城

融合　打造新时代职业教育创新发展标杆的意见》；2023年5月，教育部和天津市政府联合印发《关于探索现代职业教育体系建设改革新模式实施方案的通知》。天津具有独特的区位、产业和教育优势，正处于转变发展方式的深度调整期和构建现代工业产业体系的战略机遇期，职业教育前途广阔、大有可为。天津坚持德技并修，培养能工巧匠、大国工匠；坚持校企协同，打造行业企业办学标杆；坚持以用立业，促进产教深度融合；坚持技能成才，完善现代职业教育体系；坚持强基固本，打造一流“双师型”教师队伍；坚持开放合作，服务国家重大战略。天津大力发展职业教育，服务经济社会发展、促进产业转型升级，为建设社会主义现代化国家培养了大批高素质技术技能人才，走出了一条具有天津特点的职业教育创新发展之路。

【关键词】现代职业教育体系　产教融合　校企协同

一、背景情况

当今世界，教育与产业的结合日益密切。无论是发达国家还是新兴工业化国家，都把发展职业教育作为振兴经济、增强国力的战略选择。

天津职业教育具有悠久的历史传统和良好的办学基础。洋务运动时期，天津开始兴办各类新式职业学校，我国第一所工业技术学校——北洋电报学堂就诞生在天津，为中国近代职业教育的发展揭开了序幕、打下了基础。新中国成立后，天津职业教育进入一个新的历史时期。1958年，率先探索“半工半读”教育试点，对全国职业教育发展产生了重大影响。改革开放后特别是进入新世纪以来，天津把发展职业教育摆在更加突出的位置，立足经济社会发展实际，不断整合资源、优化布局、理顺机制，先后与教育部共建“国家职业教育改革试验区”“国家职业教育改革创新示范区”和“国家现代职业教育改革创新示范区”，探索形成校企联合、中外合作、东西互动、工学结合、双师双证、资源共享、大赛平台等一整套经验做法，深入服务区域经济发展，主动服务国家重大战略，为全国培养了大批高素质技能人才，形成了一批典型经验，走出了一条特色发展之路。

2023 年，天津市政府与教育部联合启动现代职业教育体系建设改革新模式探索，着力构建产教城互动发展新格局，着力打造新时代职业教育创新发展标杆和职业教育国际交往中心，为天津制造业立市战略和科技创新高地建设提供技术技能人才支撑，为全国职业教育改革发展提供示范样板。

二、主要做法

天津始终立足服务人的全面发展、服务经济社会发展和服务国家重大发展战略来谋划和发展职业教育，秉持产教融合、校企合作、工学结合、知行合一的原则宗旨，引导社会各界特别是行业企业积极参与职业教育，着力破解社会对职业教育功能价值认识不到位、现代职业教育体系不健全、产教融合发展不充分、与区域经济社会高质量发展不适应等瓶颈问题，扎实推进现代职业教育体系建设改革，形成了一系列行之有效的经验做法。

（一）坚持立德树人，大力培养技术技能人才

坚持不懈用习近平新时代中国特色社会主义思想铸魂育人，以

"大思政课"综合改革试验区建设为牵引，开展职教"思政+"赋能行动。一是加强制度建设。启动天津市思政课教师队伍建设综合改革试验区建设，成立一体贯通的天津市学校思政课建设委员会，牵头组建全国高校习近平新时代中国特色社会主义思想教学联盟，统筹思政课高层次人才围绕重大问题开展集中攻关。二是抓实队伍培养。完善以思政课教师教龄为基本脉络，以岗前培训、全实景进阶、磨课练兵、研修学访、教学比武为主要内容的全流程阶梯式培养机制，打造思政课教师终身学习体系。三是创建思政品牌。以承办全国职教思政课教师教学技能大赛、全国职教思政短视频大赛等为契机，创新思政课模式，用小专题讲大主题、从小故事看大时代，培养学生良好职业素养和政治素质，培育职教院校思政名师金课。四是创新课程设置。在天津职业大学等高校设立思政课教学改革重点实验室，从传统工业企业中遴选建设职业教育特色思政实践育人基地，将校内思政小课堂和企业社会实践大课堂结合起来。发挥天津工业文化资源优势和职业教育改革发展引领示范作用，建设全国职教思政数字化智能中心、天津市思想政治教育实践基地、天津市思政课重点实验室等三个综合实践基地，大力弘扬工匠精神，厚植城市工匠文化氛围。

（二）坚持校企协同，强化行业企业办学主体地位

面向市场是职业教育的本质属性，天津职业教育的一个突出特色就是政府统筹、行业主办、教育管理、企业参与，全市70%左右的高职学校和50%的中职学校由行业企业举办。一是完善职业教育法治体系。2007年7月，颁布实施天津市职业教育条例，明确建立和完善以政府为主导，发挥行业、企业作用，社会力量积极

参与，公办与民办共同发展的多元化职业教育办学体制。2023 年以来，率先修订天津市职业教育条例，并制定出台地方性职业教育产教融合促进条例，推动职业教育产教融合制度供给由“政策型”向“法治化”转变。二是优化办学体制机制。鼓励社会力量参与职业教育办学，激发职业院校办学活力，推行做大做强做优职业教育的八项举措，积极探索社会力量与职业学校通过股份制、混合所有制改革创办二级学院、产业学院，构建政府统筹管理、社会多元办学格局。三是培育产教融合型企业。推进国家产教融合型城市试点建设，重点打造津南试点核心区，将校企合作资源列入新动能引育企业支持要素，为企业落地提供支撑，对纳入储备库的产教融合型企业给予“金融 + 财政 + 土地 + 信用”组合式激励。全面加强产教融合、校企合作，推广现代学徒制、企业新型学徒制等做法，促进“引企入教”和“引教入企”有机结合。

（三）坚持以用立业，推进产教融合校企合作

天津将职业院校作为与产业链对接的人才供给方，对接产业高端需求优化专业布局，形成产业、行业、企业、职业、专业联动办学模式，有效服务产业转型升级和人才需求。一是优化专业布局结构。围绕天津市“一基地三区”（全国先进制造研发基地，北方国际航运核心区、金融创新运营示范区、改革开放先行区）功能定位，服务现代工业产业体系建设，绘制职业教育专业建设与产业发展图谱，推进优质专业群对接服务重点产业链，动态调整专业设置，优化专业布局结构，实现专业设置与产业需求的“同频共振”。二是创新产教融合载体。以滨海新区功能区为主体，成立生物医药、海洋工程装备、信息技术应用创新、数字经济等市域产教联合

体，实行政府、企业、学校、科研机构等多方参与的理事会管理，集聚资金、技术、人才、政策等要素，有效推动各类主体深度参与职业教育。组建新能源、智能供应链、高端装备制造、绿色石化等行业产教融合共同体，发挥行业在职业教育改革发展中的重要引领和指导作用，打造产业优化升级的重要创新源、技术源和人才源。三是持续打造校企命运共同体。组建一批行业职业教育教学指导委员会，主动对接产业发展、技术进步和流程再造，推进高水平高职学校专业群、中职学校优质专业建设，出台产教融合专业目录，发布产教融合专业，认定职业院校教师企业实践基地，搭建产教融合供需信息平台，校企共建应用技术转移中心、产品工艺开发中心、紧缺人才实训基地，以产业需求驱动教学改革，涌现出一批职业学校改革先行试点。

（四）坚持技能成才，建设现代职业教育体系

随着市场配置人力资源的决定性作用日益凸显，高质量的职业技术教育成为实现学生职业生涯可持续发展的教育。天津率先形成完整的高层次职业教育人才培养体系，为学生多路径成才搭建“立交桥”。一是打破职业教育“天花板”。积极探索职业教育纵向衔接人才培养模式改革，推进“中高职系统化人才培养”和“五年一贯制人才培养”，开展高职、本科联合培养高端技术技能型人才培养试点，构建贯通式专业课程体系和质量评价体系。我国第一所应用技术大学——天津中德应用技术大学开展本科及专业硕士技术技能人才培养；天津职业技术师范大学承担职教领域服务国家特殊需求博士培养项目，打通“中高本硕博”纵向贯通的技术技能人才培养体系。天津正在依托产教融合共同体，探索采取本科高校、职业学

天津海河教育园区

校、企业项目制联合培养的模式，为优秀高职毕业生、企业一线优秀员工就读专业硕士研究生提供通道，让职业教育的竞争力、吸引力越来越强劲。二是强化社会培训。发挥天津开放大学作用，利用信息技术手段、学分银行制度等，灵活便捷提供培训服务。面向民生改善需求，突出职业学校终身学习服务功能，推进“1+X”证书制度试点工作，推动职业教育、高等教育、继续教育机构试点实施完全学分制，建立弹性学制与自主选课制度，广泛面向企业职工、农村转移劳动力、失业人员、未就业高校毕业生、退伍军人等开展培训，努力构建覆盖全生命周期的学习型社会。

（五）坚持强基固本，强化“工匠之师”队伍建设

教师是立教之本、兴教之源。天津在创新职业教育师资培育模式上狠下功夫，培养了一批上得了讲台、下得了车间、做得了科研的高素质“工匠之师”。一是完善师资培养体系。依托天津大学、天

津职业技术师范大学培养高水平博士师资，支持天津职业技术师范大学建设国内一流职教师资培养基地，支持市属理工类院校设立职业技术师范教育二级学院，牵头成立全国职业技术师范院校联盟，组建天津市职业教育“工匠之师”研究中心建设，引领全国职教师资培养改革实践与探索，形成“工匠之师”一体化培养体系。二是优化师资培训体系。制定职业教育“双师型”教师认定标准和实施方案，推行新教师“上岗、适岗、胜岗”三阶段培养机制，落实职业学校教师定期到企业实践制度。建设全国重点职业教育师资培养培训基地，持续实施职业院校教师素质提高计划，遴选海河名师和创新教学团队，培育传承绝活、弘扬绝技的技能大师。三是深化教师管理改革。高职学校试点人员总量管理，有效化解编制紧缺难题。建立校企“共聘共育”“双栖制”引人用人机制，试点固定岗和流动岗相结合的教师人事管理制度，建设标准统一、序列完整、专兼结合的实践导师队伍。四是打造中国特色职业教育智库。整合天津大学、天津市教育科学研究院和天津职业技术师范大学的科研力量，成立职业教育研究院，打造高度协同的职业教育研究链条，推出了一批反映职业教育发展前沿、具有国际先进水平的科研成果。

（六）坚持开放合作，主动服务国家重大战略

一是打造鲁班工坊“国家名片”。天津职业院校在亚非欧三大洲开展鲁班工坊项目，以“学历教育＋职业培训”的方式，为合作国家培养经济社会发展急需的技术技能人才，与合作国家分享中国职教先进的教学模式、专业标准和设备资源，为当地青年提供更多的就业机会、更好的发展空间，赢得了合作国家政府、学校师生和企业的广泛赞誉。二是创新职业教育国际交流合作机制。2022 年教育

首届世界职业技术教育发展大会在天津成功举办

部、中国联合国教科文组织全国委员会和天津市政府成功举办首届世界职业技术教育发展大会，习近平总书记向大会致贺信。打造职教国际合作交流新平台新范式，形成了大会对话、大赛交流、联盟发展、展会合作等机制。三是全力推进职教精准帮扶。与教育部共建“国家中西部地区职业教育师资培训中心”，构建起“区域系统援建、品牌整体输出、专业结对共建、师资轮岗培训、学生订制培养”等五种职业教育帮扶模式，推行“一地一策、一项目一招法”，将外部“输血”、内部“造血”相结合，凝练东西部帮扶协作的“天津经验”。四是服务京津冀协同发展。发起成立京津冀职业教育协同发展研究中心、京津冀职业教育教学协同发展联盟、津雄职业教育发展联盟，举办装备制造业、现代服务业、养老服务业、健康服务业、新能源、石油化工、环保产业和交通行业等产教对接活动，组织部分优质职业院校在河北省设立分校。

三、经验启示

天津着眼国内国际两个大局，进一步解放思想、提高站位，从立足新发展阶段，完整、准确、全面贯彻新发展理念，融入新发展格局的高度，全面深化对职业教育的认识，推动职业教育高质量发展，取得宝贵经验启示。

1. 要把深刻认识职业教育的战略定位作为服务高质量发展的基本前提。当前，我国生产要素相对优势发生深刻变化，构建新发展格局、实现高水平的自立自强，已成为在国际竞争中赢得主动的关键。这不仅需要拔尖创新人才，也需要数以亿计的高素质技术技能人才，把先进的技术设备转化为生产力，提高劳动生产率，夯实实体经济根基，抢占智能制造制高点，进而增强国家在全球产业链供应链创新链中的影响力。要深刻认识职业教育的极端重要性，把职业教育放在经济社会发展的大局中加以谋划、加快发展，努力培养更多高素质技术技能人才、能工巧匠、大国工匠。

2. 要把深化职业教育产教融合作为助推教育强国建设的重要支撑。深化产教融合，促进教育链、人才链与产业链、创新链有机衔接，是提高人才培养质量、促进产业转型升级、培育新的增长点的必由之路。推动产教深度融合，必须坚持新发展理念，以服务经济社会发展为根本遵循，统筹发挥好政府和市场的作用，强化政策引导和法治保障，激励职业教育真正成为催化产业技术变革、加速创新驱动的重要策源地；激励产业界以技术变革为契机主动与教育深度融合，形成与现代化产业体系相协调的有机融合。要充分发挥政府统筹调控作用，健全产教融合与经济社会发展同步联动规划机制，形成政府、企业、学校、行业、社会协同推进的工作格局，促进教育和产业联动发展，助推教育强国建设。

3. 要把构建现代职业教育体系作为满足人民群众多样化需求的有效手段。中国特色社会主义进入新时代，我国社会主要矛盾已经转化为人民日益增长的美好生活需要和不平衡不充分的发展之间的矛盾。人民群众对职业教育的要求已从过去的“有学上”转为“上好学”，从“阶段性教育”迈向“终身学习”。这就要求全社会树立科学的教育观、人才观，加快构建面向全体公民、贯穿全生命周期、服务全产业链的教育体系。要巩固中等职业教育的基础地位，推动高等职业教育提质培优，大力发展本科层次职业教育，畅通和拓宽技术技能人才培养通道，推进现代职业教育体系纵向贯通发展；要以人民为中心，面向全体，不断推进职业教育与普通教育横向融通、与继续教育协同发展，满足人的全面发展和多样化成长成才需求。

思考题

1. 如何理解职业教育在服务经济社会发展、促进产业转型升级方面的重大意义？

2. 如何加强职业教育改革创新，以服务国家重大发展战略，让职业教育更有吸引力和竞争力？

3. 在职业教育改革创新过程中，如何处理好产业指导、校企协同的关系？

厚植爱农情怀　将论文写在田间地头

——中国农业大学创建科技小院练就兴农本领

【引言】2023 年 5 月，习近平总书记给中国农业大学科技小院的同学们回信，对科技小院研究生“深入田间地头和村屯农家，在服务乡村振兴中解民生、治学问”这一培养模式予以充分肯定，并指出，希望同学们志存高远、脚踏实地，把课堂学习和乡村实践紧密结合起来，厚植爱农情怀，练就兴农本领，在乡村振兴的大舞台上建功立业，为加快推进农业农村现代化、全面建设社会主义现代化国家贡献青春力量。

【摘要】只有走进乡土中国深处，才能深刻理解什么是实事求是、怎么去联系群众。青年人就要“自找苦吃”。

自 2009 年起，中国农业大学张福锁院士带领团队在河北省曲周县探索成立科技小院，把农业专业学位研究生派驻到农业生产一线，在完成知识、理论学习的基础上，研究解决农业农村发展中的实际问题，培养农业高层次人才，服务农业农村现代化建设。中国农业大学以培养面向农业绿色发展、乡村振兴国家战略需求的新型复合人才为目标，坚持扎根中国大地，解民生、治学问、育英才，形成了“四阶递进、五育并举”的人才培养新模式。这一模式集科技创新、社会服务、人才培养于一体，实现了教书与育人、田间与课堂、理论与实践的紧密结合。

科技小院始终坚持为党育人、为国育才的教育理念和服务农业科技的探索实践，厚植了同学们的爱农情怀，帮助同学们练就了兴农本领，引导广大青年学子在乡村振兴的大舞台上建功立业，对于专业学位研究生培养具有借鉴推广价值。

【关键词】科技小院　人才培养　乡村振兴　“三农”

一、背景情况

农业农村现代化的关键在科技、在人才。针对我国农业发展面临的农村人才总量不足、整体素质偏低，科技人才缺乏和研究生培养中立德树人落地模式少、实践育人平台弱、产教深度融合难等问题。2009年，中国农业大学张福锁院士带领团队在河北省曲周县首创科技小院，深入村屯农家解民生，示范推广农业技术，解决了科技进村入户“最后一公里”难题；在生产一线治学问，突破“卡脖子”难题，推动农业科技进步发展，解决“科研与生产需求脱节”问题；科技小院扎根田间地头，在解民生、治学问中育英才，解决“人才培养与社会需求脱节”问题。科技小院是建立在农业生产一线，集科技创新、示范推广和人才培养于一体的综合平台，推进了农业绿色发展、农业现代化重要技术突破，解决了科技成果无法从实验室走向农业生产一线、企业和市场的问题，把论文写在祖国大地上，培养了一批下得去、扎得住，厚植爱农情怀、练就兴农本领的知农爱农新型人才。

历经15年的探索和发展，科技小院的作用和影响越发凸显，近几年，推广科技小院模式已经成为国家行动。2020年7月，科技部、农业农村部、教育部等7部门印发的《关于加强农业科技社会化服务体系建设的若干意见》明确提出，鼓励高校和科研院所开展乡村振兴智力服务，推广科技小院、专家大院、院地共建等创新服务模式。2021年2月，中共中央办公厅、国务院办公厅印发的《关于加快推进乡村人才振兴的意见》提出，引导科研院所、高等学校开展专家服务基层活动，推广科技小院等培养模式，派驻研究生深入农村开展实用技术研究和推广服务工作。2022年3月，教育部办公厅、农业农村部办公厅、中国科协

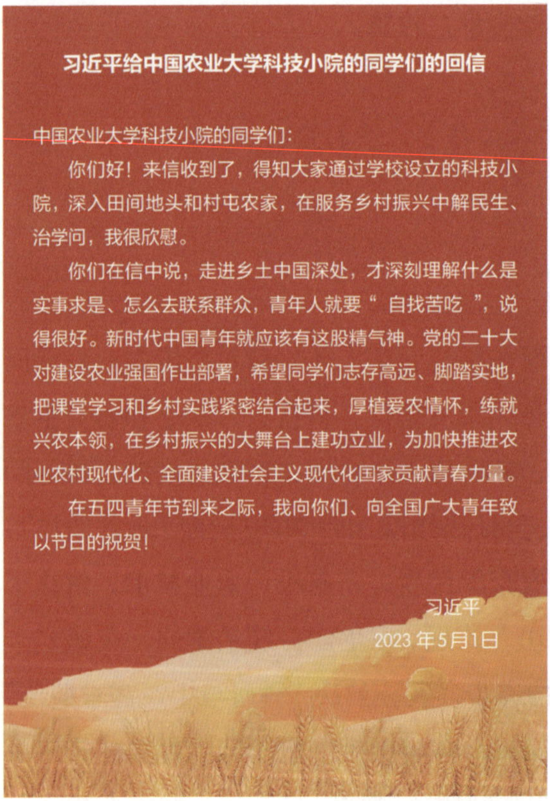
习近平给中国农业大学科技小院的同学们的回信

中国农业大学科技小院的同学们：

你们好！来信收到了，得知大家通过学校设立的科技小院，深入田间地头和村屯农家，在服务乡村振兴中解民生、治学问，我很欣慰。

你们在信中说，走进乡土中国深处，才深刻理解什么是实事求是、怎么去联系群众，青年人就要“自找苦吃”，说得很好。新时代中国青年就应该有这股精气神。党的二十大对建设农业强国作出部署，希望同学们志存高远、脚踏实地，把课堂学习和乡村实践紧密结合起来，厚植爱农情怀，练就兴农本领，在乡村振兴的大舞台上建功立业，为加快推进农业农村现代化、全面建设社会主义现代化国家贡献青春力量。

在五四青年节到来之际，我向你们、向全国广大青年致以节日的祝贺！

习近平

2023年5月1日

习近平总书记给中国农业大学科技小院的同学们的回信

办公厅联合发布《关于推广科技小院研究生培养模式　助力乡村人才振兴的通知》，对科技小院提出六项保障措施，如招生计划增量倾斜、纳入农业技术服务体系、研制指导性培养方案与论文基本要求等。

二、主要做法

科技小院是科技创新、社会服务和人才培养“三位一体”的典型模式，实现了教书与育人、田间与课堂、理论与实践的紧密结合，生动地阐释了专业学位研究生教育培养什么人、怎样培养人、为谁培养人的重大命题。经过十余年持续建设与探索，科技小院已然成为助力乡村振兴和农业强国建设的重要科技力量，培养了一批农业绿色发展急需的知农爱农新型人才。

（一）扎根中国大地，打造厚植“三农”情怀的育人平台

立德树人是教育的根本任务。科技小院首先承载着立德树人的重要使命，其实质内涵可概括为“拆了四堵墙”“架了四座桥”“锤炼四种品格”。

科技小院坚持扎根生产一线，融于产业发展，“拆了四堵墙”——学校与社会之间的墙、学科与学科之间的墙、教学与科研之间的墙、教与学之间的墙。紧扣地方、农民与企业需求，依托教授工作站、产业研究院、校内外科研基地、试验站等科学研究与社会服务基地，在生产一线建立科技小院。建立政产学研用协同育人机制，把涉农专业学位研究生长期派驻到科技小院，在完成理论知识学习的基础上，重点研究并解决农业农村生产实践中的实际问题，在研究和服务中做深做实科技小院，解决了科技进村入户“最

后一公里”难题。

科技小院育人平台“架了四座桥”——学校与乡村之间的桥、师生与群众之间的桥、问题与办法之间的桥、理论与实践之间的桥。促进学科融合、校地融合、产教融合，打造出“以党建为引领解决生产一线问题、导师联合指导、多方投入高效产出”的政产学研用培养共同体，为培养综合素质高、全方位发展的知农爱农新型人才提供了育人保障。例如，杭锦后旗科技小院联合内蒙古自治区土肥站、巴彦淖尔市农牧业技术推广中心以及杭锦后旗人民政府与中国农业大学建立“四级联创”合作共建机制，有效保障了研究生与农技青年干部共同开展绿色高质高效集成技术研究，为实现全域水、肥、药、膜等资源高效利用，助推全旗实现农业绿色发展贡献了智慧和力量。

科技小院致力于锤炼研究生“四种品格”——艰苦奋斗的品格、无私奉献的品格、上下求索的品格、为民造福的品格。教师带领研究生入住科技小院，深入田间地头和村屯农家，在服务乡村振兴中解民生、治学问，与农民同吃、同住、同劳动，切实了解“三农”实情，感受农业发展对绿色技术的迫切需求，增强学生的专业责任感，激发学生在科技小院开展工作的热情，培养学生服务农业现代化、助力乡村振兴大有可为的意识和能力。通过针对性的研究，解决农业生产一线实际问题，将研究结果以科技小院为中心向外快速传播、推广，研究生在解决科技问题和服务农户的实践过程中增强了感悟、锤炼了品格、提升了能力。习近平总书记对科技小院的同学们走进乡土中国深处，自找苦吃、迎难而上，在乡村振兴的大舞台上建功立业的精神，给予了高度认可。

科技小院从河北曲周起步，秉承“责任、奉献、科学、为民”

科技小院师生在田间指导农民

的曲周精神，从改土治碱到科教兴农，再到谋划农业绿色发展、助力乡村全面振兴，以实际行动展现了爱国奋斗、科学报国的赤子情怀，用一代代农大人的智慧和汗水在曲周大地上书写出科教兴农的恢宏诗篇，探索出的科技小院模式，为我国农业科技创新、社会服务和人才培养树立了杰出样板。

（二）产教深度融合，创新“解民生、治学问”的人才培养模式

高校以育人为本，科技小院肩负培养高层次农业人才的重要职责。

科技小院坚持“零距离爱知笃行，干中学追求卓越”的育人理念，创建了“驻村感悟—知识拓展—小院实战—综合提升”四阶递

进、“情怀、知识、能力、素养、创业”五育并举的育人新模式，将“三农”情怀、综合知识、科研能力、综合素养、创新创业五种实践培养贯穿于研究生培养全程。包括：调查了解“三农”实况、发现“三农”问题，开展曲周精神宣讲，弘扬老一辈科学家奉献精神，厚植同学们爱农情怀；组织多学科教师构建综合性课程体系，强化案例教学，培育研究生多元化知识体系；科技创新环节，强化以解决实际问题为目标的“DEED”（Describe 描述记录，Explain 解释评价，Explore 探索创新，Design 设计重建）系统研究方法训练，指导研究生在生产一线发现、分析、研究、解决问题的过程中，全面锻炼科研创新能力；在社会服务环节，强化多角色锻炼（研究生、科技农民、农技员、培训教师、挂职干部），全面融入乡村，在“扎下来—融进来—找出来—做出来—说出来—写出来—干起来”全程训练中，提高研究生解决问题的综合能力。

在解民生、治学问中育英才，十几年的探索让科技小院结出累累硕果。据不完全统计，科技小院的学生中有 829 人次获国家奖学金、省市优秀毕业生、学校五四青年标兵及地方“十大杰出青年”等奖励和荣誉；在各类全国性创新创业大赛上获得 19 项奖励；撰写出版《我和科技小院的故事》书籍 7 本，技术专著 10 余本；发表 392 篇论文，其中以第一作者在《自然》（*Nature*）等国内外期刊上发表论文 244 篇。

（三）科技为民，探索服务产业发展科学研究新思路

高校是基础研究主力军和原始创新的策源地，肩负着高水平科技自立自强的使命担当。

科技小院师生始终坚持长期驻扎生产一线，遵循“从生产中

来，到生产中去”的原则，面向农业科技前沿、“卡脖子”技术难题，将科学规律探究和技术创新深入“三农”一线。通过参与技术创新，实现了科研成果与生产、科研人员与农民、科研院所与农村、科技创新与产业发展的无缝对接。科技小院通过聚焦相关技术专家资源，开展专题研究，建立技术创新合作机制，增强科技小院的技术创新能力，解决农业生产科学技术问题。曲周县王庄村科技小院针对农户存在的一系列问题，引进并创新了多项单项技术：引入深翻技术、良种技术、优化播量技术协同改善耕地质量，提高播种质量；根据当地生产条件，筛选出优良品种（品质优良、单株生产力高、抗逆性强、经济系数高、不早衰），创建“四密一疏”根际调控绿色种植模式，实现冬小麦 / 夏玉米增产 15.7%、增效 15.7% ；针对农户施肥量过高、基追肥施肥比例不当的问题引入配方肥技术，较传统模式实现增产 6.5%、增效 37.8%。牢记习近平总书记对洱海保护的殷殷嘱托，2021 年 11 月，张福锁院士牵头组织全国科技力量云集大理，建立洱海流域科技小院集群，组建绿色高值种植和面源污染防控协同的多学科攻关团队，破解面源污染来源、降低水体富营养化，创建作物增值和农民增收的“大理模式”，打响了洱海科技大会战。

科技小院零距离帮扶小农户精准脱贫致富做出大文章，创新节肥节水节药等绿色增产技术。截至 2022 年，创新引进 284 项农业绿色技术、集成 113 套技术规程，发表 392 篇论文，研发 34 种绿色农资和农产品，申请 37 件专利和软件著作权。张福锁院士荣获全国脱贫攻坚奖创新奖，科技小院团队获第三届全国创新争先奖牌。

（四）“四零模式”，开辟高校师生服务“三农”一线的新路径

社会服务是大学的重要功能之一。对于农业院校而言，服务“三农”一线是将论文写在祖国大地上的重要表现。

科技小院以零距离、零门槛、零时差、零费用的“四零模式”精准服务小农户，通过科技咨询、农民培训、田间指导、现场观摩、科普培训、全程跟踪等方式，打破了传统的“自上而下”农业技术服务模式，突出问题导向，实现了“自下而上”和“上下联动”，显著提高了农业技术推广效率，开创了我国农业技术推广和社会服务的新模式。曲周县王庄村科技小院围绕冬小麦—夏玉米轮作体系下的高产高效集成技术模式，通过推广培训科技农民并带动周边乡村以达到增产增收、减排增效的目的，实现农业绿色发展。科技小院所在村小麦产量提高 8.45%，氮肥偏生产力提高 39.79%，灌水利用效率提高 28.66%，劳动生产率提高 26.09%；辐射村在科技小院所在村的带动下，小麦产量、氮肥偏生产力和劳动生产率分别提高 2.81%、20.66%和 15.89%。2014 年以吉林省梨树县科技小院为核心，以合作社为平台，以小院学生点对点服务为机制，以 10 个合作社为试点，建立科技小院联盟，开展高产高效养分综合管理技术转化与推广。在科技小院的助推下，多个合作社发展成为省级先进合作社。同时，科技小院组织开展的党建活动、志愿服务、农村文化活动，也在潜移默化中促进了农民科学文化素质水平的提高，培育带动了一批新型职业农民和乡土人才，打造了一支带不走的帮扶工作队。研究生开设农民培训 20 万余人次、技术骨干培训 2700 余人次、田间观摩 8.4 万余人次、科普培训 4000 余场，有效带动

了当地农业的发展。

综上所述，科技小院通过“育人与用人零距离”“科研与生产零距离”“专家与农民零距离”，提供了一条科学家与农民深度融合、科技与产业紧密结合、“输血”与“造血”有机结合的产业扶持新路径，在科学研究、社会服务、人才培养方面表现出了独特的优越性。科技小院模式是研究生教育服务国家战略、助力农业强国建设的有效探索和生动实践。

三、经验启示

党的二十大在擘画全面建成社会主义现代化强国的宏伟蓝图时，将教育、科技、人才工作一体化部署，这既是推动教育强国、农业强国建设的战略举措，也是建设社会主义现代化国家的战略布局。中国农业大学创设科技小院，坚持扎根中国大地，解民生、治学问、育英才，切实践行“强国先强农，农大作先锋”。

1. 政策引导，始终坚持以制度建设巩固改革成果。坚守为党育人、为国育才的初心使命，以分类培养为目标，面向行业产业的实际需求设计科技小院，通过设立科技小院专业学位研究生专项推进模式改革创新，制定系列制度文件、组建导师队伍、配置招生计划、设立教改项目、加大经费投入等举措，加强学校政策引导与学院创新紧密结合，把课堂学习和乡村实践紧密结合起来，坚持以“厚植爱农情怀，练就兴农本领”为引领，构建“五育并举”育人新格局，使同学们在乡村振兴的大舞台上建功立业，为加快推进农业农村现代化、全面建设社会主义现代化国家贡献青春力量。

2. 问题导向，始终坚持系统观念推动政产学研用深度融合。全面系统把握我国“三农”各发展阶段的关键性问题，围绕推动精准扶贫、促进乡村振兴，聚焦农业关键核心技术攻关、绿色转型等建立科技小院，坚持立足农业产业一线，扎实开展“走基层、找问题、想办法、解问题、促发展”的科学研究与社会服务活动，始终以“实”和“思”作为科技小院根本理念，深入群众、扎根群众，问需于民、问计于民，把解决生产实践问题和人才培养统一起来，学以致用，通过科技创新指导生产；坚持党的领导，不唯书、不唯上、只唯实，紧扣地方、企业与农民需求，加快科技成果转化，调动政产学研用协同育人积极性，保障了科技小院建设与长效发展。

3. 服务战略需求，始终坚持扎根中国大地办教育。围绕国家脱贫攻坚、粮食安全、乡村振兴、农业强国等战略目标和行业需求，在不同区域、不同经济发展阶段，基于不同的目标和服务对象，科技小院的模式不断创新调整。一是着眼于共同富裕，服务于小农户的 1.0 版本，为广大农户提供技术创新和农业新技术采用，促进小农户增产增收，改善农民生活和农村生态环境。二是着眼于农业农村现代化，服务于各类新型经营主体发展、产业振兴的 2.0 版本，为现代农业科技发展提供支撑。三是推动乡村振兴全面发展的 3.0 版本，从乡村振兴的五大领域着手，关注乡村方方面面，充分调动各级地方政府、教育部门、农业农村部门和科协等各方参与主体的积极性和主动性，为推进农业农村现代化与实现乡村全面振兴贡献力量。

思考题

1. 涉农院校、企业、政府等如何发挥职能作用，推动科技小院高质量发展，助力解决农业生产一线问题？

2. 在巩固拓展脱贫攻坚成果、推进乡村全面振兴进程中，如何借鉴推广科技小院模式，加快建设农业强国、美丽中国？

从“有”到“优” 更好满足群众对“上好学”的需要

——新时代各地推动义务教育优质均衡发展

【引言】2023年5月，习近平总书记在主持二十届中央政治局第五次集体学习时明确要求，推动义务教育优质均衡发展和城乡一体化；缩小教育的区域、城乡、校际、群体差距，努力让每个孩子都能享有公平而有质量的教育，更好满足群众对“上好学”的需要。

【摘要】建设教育强国，基点在基础教育。进入新时代以来，我国义务教育在实现全面普及的基础上，用10年左右的时间实现了县域基本均衡发展，成为我国义务教育发展史上又一个新的里程碑。为切实办好更加公平、更高质量的义务教育，党中央、国务院作出了推进义务教育优质均衡发展的重大决策部署，中共中央办公厅、国务院办公厅印发《关于构建优质均衡的基本公共教育服务体系的意见》，教育部、国家发展改革委、财政部联合印发《关于实施新时代基础教育扩优提质行动计划的意见》。实践证明，基础教育搞得越扎实，教育强国步伐就越稳、后劲就越足。要建设教育强国，就必须推动义务教育优质均衡发展和城乡一体化，更好满足人民群众从“有学上”到“上好学”的期盼。

【关键词】义务教育　基本均衡　优质均衡

一、背景情况

教育兴则国家兴，教育强则国家强。《中华人民共和国义务教育法》明确规定，“国务院和县级以上地方人民政府应当合理配置教育资源，促进义务教育均衡发展”。

党的十八大以来，党中央、国务院统筹全局，高位推动义务教育均衡发展。各地各有关部门认真抓好各项政策贯彻落实，到2021年底，全国所有县区均通过国家义务教育基本均衡发展督导评估认定，我国义务教育实现了县域基本均衡发展。

随着“有学上”的问题得到历史性解决，人民群众对“上好学”的愿望更加迫切。为推进义务教育发展水平再上新台阶，党中央、国务院作出推进义务教育优质均衡发展的重大决策部署，各地积极探索迈向优质均衡的实现路径和有效举措。其中，浙江、江西和甘肃是我国东、中、西部地区义务教育均衡发展工作的典型代表，其做法各有特色，主要表现为始终把教育放在优先发展的战略位置，全面落实立德树人根本任务，着力在促进公平、提高质量上下功夫，持续加大教育投入，系统深化教育改革，着力缩小区域、城乡、校际、群体教育差距，全面提升育人质量，推动义务教育发展从基本均衡向优质均衡迈进。

二、主要做法

近些年来，浙江、江西、甘肃等地多措并举优化资源配置，扩大优质教育资源覆盖面，努力缩小区域、城乡、校际、群体教育差距，营造良好教育生态，探索推动义务教育由基本均衡迈向优质均衡发展。

（一）科学规划设计，强化制度保障

1. 加强组织领导。明确推进义务教育均衡发展的时间表、路线图，省、市、县各级政府层层签订责任书，各级党委、政府主要负责同志抓工作推进。甘肃省出台新修订的《甘肃省义务教育条例》，为义务教育实施和推进均衡发展提供了坚强的政策保障。江西省弋阳县、上高县等均成立了以县委、县政府主要领导任组长的推进义务教育优质均衡发展工作领导小组，建立了县四套班子挂点联系学校制度，县委、县政府主要领导调度学校建设、人事编制、教师待遇落实等工作。

2. 前瞻规划设计。科学编制教育事业“十四五”发展规划，对义务教育学校科学布局、办学条件“提档升级”、教育资源均衡配置、师资队伍建设、教育质量提升等方面作出一系列设计，发挥规划引领作用。浙江省教育厅印发了《“浙里优学”行动方案》，加快建设高质量教育体系。江西省芦溪县坚持教育规划与社会发展规划、城乡建设规划、土地利用总体规划相互衔接、相互配套，提升教育规划的先行性、科学性、合理性。

3. 加大经费投入。进一步提高经费投入水平，为推进义务教育

均衡发展提供有力支撑。浙江省将义务教育阶段生均公用经费省定标准提高至小学800元、初中1000元。江西全省一般公共预算教育经费占全省一般公共预算总支出的比例稳定在18%以上，义务教育经费占财政性教育经费投入的比例稳定在50%以上；从2015年起，省级财政设立城乡义务教育均衡发展专项资金。

（二）优化布局调整，改善办学条件

1. 科学优化城乡学校布局。适应人口变化和城镇化进程，优化教育资源配置，城镇地区重点加快扩容增位，破解“城镇挤”问题；农村地区稳妥有序撤并小、散、弱的小规模学校，办好必要保留的学校，处理好学生就近上学与接受良好义务教育的关系。甘肃省依据地形特点采取了不同的布局策略：河西地区地势平坦、人口密度相对较小、农村学校规模普遍偏小，按照“四个集中”（高中向城区集中、初中向城镇集中、小学向乡镇集中、教学点向行政村集中）的思路，对学校布局进行优化调整；河东地区山大沟深、交通不便，形成了“规模办学、寄宿主导、城市导向、校车接送”的布局调整模式。江西省芦溪县高起点规划学校布局，重新划片招生、重新改制学段，做到校舍规模与生源数量相匹配，近5年来新建、扩建5所城区学校，2022年秋季大校额得到全面化解。

2. 改善学校基本办学条件。注重补齐短板，重点改善与教育教学质量提升密切相关的办学条件，为师生创造良好教学生活环境。江西省按照统筹资金、统筹规划、统筹项目、统筹配套“四个统筹”的原则，实施了学校标准化建设、城镇教育资源扩容、“全面改薄”、大班额化解等5项义务教育集群式工程。甘肃省临泽县通过实施“教育信息化建设三年行动计划”，使名师课堂资源覆盖全

浙江省景宁畲族自治县红星小学学生在学校星星阅读中心阅读

县乡村学校。浙江省景宁县采用“变撤为改”的文化装修策略，投入资金3500余万元，对全县14所乡镇学校硬件设施进行改造提升，打造个性、舒适、温馨、开放的教学环境。

（三）加强教师队伍建设，夯实立教之本

1. 拓宽教师补充渠道。教师是办好教育的第一资源，加强教师队伍建设，首先要配齐配足师资，着力破解教师总量不足、结构性缺编、乡村教师“下不去、留不住”等问题。江西省从2007年开始实施乡村教师定向培养计划，共培养定向师范生4万余名，为农村学校培养一批“留得下”的本土化师资。江西省芦溪县近5年来，通过“特岗计划”、省招、引进高素质人才、回原籍任教等方式补充教师1160人，从应届初中毕业生中择优确定320人定向培养中小学教师，毕业后全部分配到乡村学校任教。浙江省景宁县积极培

养全科教师，为乡镇学校解决专业教师不足之困境，培养的第一批全科教师2023年已充实在各乡镇学校。

2. 改革教师管理方式。着力破解城乡和学校间师资水平差距大、教师成长路径单一、激励机制不足等问题，努力打造一支配置均衡、专业突出、具有活力的教师队伍。实行教职工编制“控制总量、标准统一、动态调整、统筹调剂”。甘肃省金塔县建立编制周转池制度，解决教师因病或产假导致的紧缺问题。实行学校行政领导人员聘任制改革。甘肃省镇原县推行学校去行政化，落实校长聘任制和岗位津贴，赋予校长办学治校自主权，增强了校长干事创业的使命感、责任感和紧迫感。江西省贵溪市实施学校干部聘用制改革，副校长、中层干部全部由学校聘任，扩大学校人事工作自主权，130名原中心学校管理人员全部回归课堂教学。实行“县管校聘”管理改革，推进校长教师交流轮岗。甘肃省酒泉市肃州区出台激励政策，从职称岗位评聘、绩效考核、评优树先等角度支持中青年骨干教师跨校竞聘，有效破解学科教师配置不均衡难题。浙江省海盐县推行校长教师组团交流，该县义务教育教师5年中的交流率达35%，农村学校校长中省市县名优教师占比达38%。

3. 强化教师待遇保障。严格落实义务教育教师平均工资收入水平不低于当地公务员平均工资收入水平要求，依法保障教师工资待遇。完善乡村教师生活补助，结合地域远近、艰苦程度、教龄长短、职称高低等因素差别化发放。甘肃省持续加强乡村教师待遇保障，对全省75个脱贫摘帽县乡村中小学教师按人均每月不低于400元标准发放生活补助，对乡村走教教师按每月不低于300元发放交通补助。甘肃省嘉峪关市将农村教师绩效工资总量提高15%。聚焦让乡村教师留得住，着力改善教学生活条件。江西省吉安市吉州区探索将公租房建在学校，免费提供床、厨具、热水器、电视机、电脑、办公桌椅等配套用品，教师可随时拎包入住。甘肃省秦安县探索“园区 + 走教”的乡村办学模式，为全镇教职工统一提供周转住房，配备教职工食堂，每天统一接送教师上下班，解决了教师食宿和通勤等后顾之忧。

（四）聚焦内涵发展，提升教育教学质量

1. 坚持德智体美劳“五育并举”。从课程体系、师资力量、教学空间等多环节发力，全面保障素质教育实施。甘肃省全面推进“大思政课”建设，遴选命名了思想政治类、工业类、科普类、中华优秀传统文化和红色文化类、爱国主义教育类等共 9 大类 73 个“大思政课”实践教学基地，同时从全省“五老”、先进模范、专家学者、道德模范中聘请了 75 名思政课兼职教师。江西在全省中小学开展红色（红色基因）、绿色（生态文明）和古色（优秀传统文化）

江西省芦溪县源南学校学生在展示自己创作的农民画

文化教育活动以及“同上一堂课”“追寻红色足迹”活动，大力弘扬井冈山精神、苏区精神。甘肃省金塔县利用城乡中小学空闲校舍陆续建成课余活动场所200余个，为每所乡村小学配备至少1名音体美专业教师，为开齐开足国家规定课程奠定坚实基础。浙江省发挥城乡、校际教育资源优势互补作用，大力推进城乡义务教育共同体（简称教共体）建设，教共体结对学校间定期安排城乡学生集体劳动实践，利用乡村学校独有的教学空间，促进城镇学生劳动实践能力提升。

2.深化课堂教学改革。把提高义务教育质量作为工作重点，切实发挥课堂主阵地作用。江西省芦溪县加强教学管理，制定了中小学教学常规、管理规范条例及课堂教学评估标准，并将教学常规管理督导列为中心工作；加强教研和教学指导，实行教研员挂片驻校制度，通过“赣教云”等公共平台开辟教研员网上工作室和名师工作站，方便学科教师开展线上教学交流。甘肃省金塔县优化教学方式，与东部地区建立课堂教学改革协作关系，支持学校借鉴应用课改成功经验，积极探索“自主、合作、探究”高效课堂教学模式。浙江省海盐县开展聚焦课堂教学质量的主题活动，建立“五个一”制度，即一学年中开展课改专题调研、拓展性课程评选、课改现场会、主题评估、课改刊物编录各一次。

3.数字赋能教育教学。促进信息技术与教育教学融合应用，充分发挥数字化对创新教学场景、共享优质资源、改进教学方式的巨大作用。2019年，浙江省将全面推进“互联网+义务教育”列入省政府民生实事，以城乡同步课堂、远程专递课堂、教师网络研修、名师网络课堂为主要形式，实现乡村学校“互联网+”结对全覆盖。围绕助力学生学习，初步建成与教材配套的体系化基础课程、课后服务拓展课程、作业辅导微课视频等资源库；围绕帮助学有困难学生，推出“浙里问学”免费在线答疑服务应用系统，统筹全省优秀教师，开展名师轮值答疑服务、志愿者教师随时答疑和AI智能答疑服务；围绕服务课堂模式转变，推出艺术互联网学校，帮扶2000余个未配备专业艺术教师的乡村学校班级常态化开展“双师一班”教学。甘肃省在甘南州、临夏州和庆阳市“两州一市”和23个国家乡村振兴重点帮扶县实施了省级同享大城市优质教育资源示范化项目，采用“中心校带教学点”模式推动23个县的800所学校全课程共享课堂，将优质教育资源传送到了农村地区、民族地区、边远地区。甘肃省兰州市实施的“兰州智慧教育·名师在线”课程应用，突破时间、空间限制，集中市域内名师资源对全市城乡学生开展远程实时课后辅导，2019年以来共安排授课教师2555名，设置初一至高二多个年级课程，累计开课11473节，学生参学人次达1140.09万。

（五）推进综合改革，营造良好育人环境

1.发挥优质学校带动作用。将城镇和乡村的优质学校和薄弱学校组成教育集团、学校共同体，实现管理、教学、教研紧密融合，有效扩大优质教育资源覆盖面、提升校际均衡发展水平。浙江在全省推行县域城镇优质学校与乡镇薄弱学校结为教育共同体，通过融合型、共建型、协作型等模式，将城镇优质教育资源下沉到乡村，全面提升乡村学校师资、管理、质量、文化水平。甘肃省深化集团化办学改革，兰州市七里河区将辖区内全部中小学按学段以多法人联合方式组建为10个教育集团，每个集团以1所核心学校为总校、N所城乡学校为集团分校，同时利用农村学校闲置校产建成1—2所集团校外教育实践基地。江西省上高县对教育共同体实行捆绑式

年度考核评价，从只注重先进学校评选到进步学校与先进学校双重评选转变，促进教育共同体学校间互相带动、共同成长。

2. 深化招生入学制度改革。切实保障入学机会公平，全面落实义务教育免试就近入学政策，按照“学校划片招生、生源就近入学”原则，科学合理划定学校招生片区。大力为民办学校“择校热”降温，全面实施公办民办学校同步招生政策，民办义务教育学校报名人数超过招生计划的全部实行电脑随机录取，构建公办民办一视同仁、公平发展、互不享有招生特权的招生入学机制。浙江省杭州市2020年启动“公民同招”（公办民办学校实行同步招生），当年民办初中报录比就下降一半。聚焦保障随迁子女平等接受义务教育权利，健全“两为主、两纳入、以居住证为主要依据”的随迁子女义务教育入学政策，江西省2022年义务教育阶段进城务工人员随迁子女在公办学校就读的比例超过95%。实行优质普通高中指标到校招生政策，更好促进义务教育均衡发展。甘肃省自2016年起，省市级示范性高中将不少于50%的招生计划均衡分配到区域内普通初中学校，让城乡学生同等享受优质高中教育资源。

3. 以“双减”撬动教育变革。通过实施“双减”政策，进一步落实立德树人根本任务，树立科学教育观念，构建良好教育生态，促进教育高质量发展。针对规范校外培训行为中“隐形变异”“打擦边球”等治理难题，浙江省温州市教育部门牵头组织统筹开展校外培训市场综合执法，明确相关职能部门及属地乡镇（街道）职责分工，制定案件移送工作指引，对联合检查中发现的违法线索可协同取证，可以现场移交，由综合行政执法部门按程序依法给予行政处罚。强化学校教育主阵地作用，坚持减负提质并重。严控学生作业总量和时长，提高作业设计质量。甘肃省积石山县探索单元整合作业减轻学生作业负担，按照 5∶3∶2 比例将单元整合作业分为基础性作业、拓展性作业和提升性作业，教师加工、组合、优化后分解到每个作业任务清单。提高课后服务水平，更好满足学生个性化学习需要。江西省南昌市印发《义务教育学校校内课后服务质量管理标准二十条（试行）》，规定了课后服务中特色类课程时间占比，建立了教育部门、学校、家长三方监督机制，推进课后服务质量管理标准化、制度化、规范化建设。

4. 构建学校家庭社会协同育人机制。办好义务教育是全社会共同的事业，需要建立学校积极主导、家庭主动尽责、社会有效支持的协同育人机制。江西省弋阳县从 2013 年起开展制度化家校合作研究与实践，推行“万师访万家”，广泛开展主题家访、假期家访、特殊家访和夜间家访，为了与留守儿童父母增进沟通，将家长会直接开进学生家长务工的城市，宣传科学的家庭教育观念，努力将学校和家庭打造为亲密无间的“教育合伙人”。浙江省台州市充分利用社会资源开展科学教育，依托科普基地打造 40 多门科普精品课程，面向学生、教师分别开设“创客营”“开放学堂”“云课堂”等公益科技培训，“科普大篷车”“流动科技馆”全年服务学生 6 万人次。

三、经验启示

浙江、江西、甘肃三省坚持以人民为中心发展教育，聚焦薄弱地区、薄弱学校、薄弱环节和困难群体，加大投入、改革创新，不断缩小区域、城乡、校际、群体间办学条件和教育质量差距的做法，对于各地推进义务教育优质均衡发展具有一定借鉴意义。

1. 推进义务教育优质均衡发展，必须坚持党的全面领导，强化政府责任。义务教育是基本公共服务，由政府承担保障供给数量和质量的主要责任。《中华人民共和国义务教育法》规定，义务教育实行国务院领导，省、自治区、直辖市人民政府统筹规划实施，县级人民政府为主管理的体制。实践证明，地方党委和政府对义务教育的重视程度、投入强度和统筹力度，对办好义务教育尤为关键。浙江、江西、甘肃等地党委和政府坚持把义务教育放在保障和改善民生的突出位置，确保经济社会发展规划优先安排义务教育，财政资金投入优先保障义务教育，公共资源配置优先满足义务教育需要，切实将义务教育“重中之重”的地位落到实处。建立健全了党委统一领导、党政齐抓共管、部门各负其责的教育领导体制，加大资源统筹力度，形成了联动推进义务教育优质均衡发展的合力。

2. 推进义务教育优质均衡发展，必须坚持改革创新，提升教育治理水平。义务教育由基本均衡向优质均衡发展迈进，意味着改革攻坚进入深水区，必须持续深化体制机制改革，破除制约义务教育优质均衡发展的制度障碍。浙江、江西、甘肃等地聚焦义务教育改革发展的痛点难点，强化政策设计和制度保障，确定了义务教育优质均衡发展的时间表和路线图。坚持科学规划引领，提升政策设计的科学性，着重适应国家人口发展战略和服务乡村振兴战略、新型城镇化战略，优化区域教育资源配置。建立起有效提升均衡发展水平的工作机制，在统筹推进城乡一体化发展、完善新时代教师队伍建设和管理机制、以教育数字化促进教育公平、吸引社会力量参与支持学校教育等方面进行了有益探索。

3. 推进义务教育优质均衡发展，必须坚持质量至上，提升人民群众教育满意度和获得感。办好更高质量的义务教育，实现“上好学”的愿望，是人民群众最关心、最直接、最现实的利益诉求之一。

义务教育由基本均衡向优质均衡发展迈进，工作重心必须尽快从硬件建设转移到内涵发展上来，将更多精力用于提升育人质量，切实办好每所学校、教好每名学生。浙江、江西、甘肃等地全面落实立德树人根本任务，推进“五育并举”、全面育人，以减负提质为重要契机，统筹推进义务教育课程、教学、教研、考试、评价等一系列改革，促进学生全面而有个性地发展。加强教育教学改革的专业支撑，健全课程实施监测体系，强化教研引领，关注薄弱学校和乡村学校的特殊问题和需求，因地制宜加强优秀教学成果应用，增强了课程吸引力和实施效果。多措并举推动优质教育资源在学校间均衡配置，切实缩小了校际教育质量差距，促进新优质学校成长，让群众在家门口就能享受高质量的义务教育资源。

思考题

1. 地方党委和政府抓好义务教育优质均衡发展的工作重心和突破口在哪里？

2. 按照进一步缩小区域、城乡、校际、群体教育差距的要求，推动义务教育优质均衡发展应在哪些方面加强体制机制创新？

3. 你对推进义务教育优质均衡发展有哪些思考与建议？

聚焦重大战略需求
校企合作铸就国之重器
——清华大学研发建设高温气冷堆示范电站

【引言】2015年1月，习近平总书记就我国核工业创建60周年作出重要指示强调："60年来，几代核工业人艰苦创业、开拓创新，推动我国核工业从无到有、从小到大，取得了世人瞩目的成就，为国家安全和经济建设作出了突出贡献。核工业是高科技战略产业，是国家安全重要基石。要坚持安全发展、创新发展，坚持和平利用核能，全面提升核工业的核心竞争力，续写我国核工业新的辉煌篇章。"

【摘要】高校是科技创新的重要发源地，要把服务高质量发展作为建设教育强国的重要任务，提升创新能力，深度参与创新驱动发展战略实施。

清华大学坚持"顶天、立地、育人"的科研宗旨，始终把聚焦国家战略需求和引领国际学术前沿统一起来，动态调整优化学科设置，有的放矢培养国家战略人才和急需紧缺人才，不断提升教育对高质量发展的支撑力、贡献力。通过联合中国核工业集团有限公司、中国华能集团有限公司等大型企业，勇攀科技高峰，在核科学与技术领域经过不懈探索，发展了具有固有安全性的高温气冷堆核电技术。历经数十载，促成研究设计与装备制造工艺的深度融合，推动我国高温气冷堆从“样品”变为“产品”，取得了国家科技重大专项华能山东石岛湾高温气冷堆核电站示范工程“双堆初始满功率”和60万千瓦高温气冷堆产业化推广应用项目落地等一系列重要成果，在世界范围内率先实现了第四代核电技术落地，推动我国在先进核能技术领域完成了从“跟跑”“并跑”到“领跑”的飞跃，打造了堪称“国之重器”的硬核科技成果，树立了以校企合作服务国家重大战略的标杆。

【关键词】“双一流”建设　服务国家　校企合作　核工业

一、背景情况

核能是军民融合、寓军于民，关乎国防建设、国家安全的高技术战略产业。我国核工业实现了“两弹一艇”等一系列里程碑式的跨越发展，支撑起我国世界大国地位，核力量从无到有，进而得到巩固和提升，为国家振兴和民族复兴奠定了坚实基础。

发展核能是确保我国能源安全、优化能源结构、改善生态环境的重要途径。核能是目前能替代化石燃料并在技术上可以实现大规模工业利用的唯一能源。发展核能也是促进我国科技整体水平提升和国家创新发展的重要牵引。核能及核工业是高技术、资金密集型产业。发展核能有利于推进高新技术发展、促进技术创新、提高我国关键基础材料和高端制造产业发展水平，对落实建设制造强国战略目标具有重要意义。

1986 年，清华高温气冷堆研究被列入 863 计划。1992 年 3 月，国务院批复同意在清华大学核研院建造我国第一座 10 兆瓦高温气冷实验堆。清华大学几代师生锲而不舍，历经数十载艰苦研发，在 863 计划的支持下，于 2003 年初实现了 10 兆瓦高温气冷实验堆并网发电的重大突破，标志着我国正式进入世界新一轮核能技术创新核心领域。但高温气冷堆的核心理论和关键技术的突破，距离其从实验室走向市场，进而成为服务国家重大战略的“国之重器”还有距离。清华大学仍需寻找志同道合且具有雄厚实力的企业合作，共同推动成果产业化。2003 年，原中国核工业建设集团（2018 年与中国核工业集团重组）与清华大学建立了紧密合作关系。之后，中国华能集团等更多企业加入，高温气冷堆示范工程三方合作、强强联合的新格局正式形成，校企合作、协同创新迈上新台阶。

1996 年，清华大学与中国核工业集团签署了首个定向生联合培养协议，取得了丰硕的育人成果；共同开发超临界蒸汽发电技术与第四代核能系统高温气冷堆 950℃核能制氢技术，全力推进高温气冷堆推广应用和多用途技术研发；共同启动 CX 项目（600MW 高温气冷堆示范工程），XZS 项目〔徐圩核能供热厂一期工程（高温气冷堆）〕和广东茂名项目（茂名绿能项目），服务国家“双碳”战略。在国家科技重大专项的支持下，清华大学与合作企业共同建成世界首座球床模块式高温气冷堆核电站——石岛湾高温气冷堆核电站示范工程。2021 年 12 月，石岛湾高温气冷堆核电站首次并网发电，在世界范围内率先实现了第四代核电技术落地，标志着我国在这一先进核能技术领域完成了从“跟跑”“并跑”到“领跑”的飞跃。

二、主要做法

经过数十年的努力，清华大学在高温气冷堆领域走出了从技术原理实施、技术放大验证到产业经济可行的三重迭代优化路径，成为“科技—产业—经济”加速发展推广的重要典范。

（一）狠抓核学科精品建设，输出核领域一流人才

清华大学的核学科建设，实现了集学术队伍、学科方向、科学研究、基础条件和人才培养于一体的综合性推进。作为首届核工程与核技术专业教学指导委员会主任委员单位，清华大学设立了核科学与技术学科博士／硕士学位授予点与博士后流动站，在多次全国一级学科评估中始终名列前茅。

牢记初心使命，努力服务国家战略需求，是清华大学坚持核学科办学的动力。在世纪之交的前后几年时间里，整个核工业不景气，核电发展的前景不明朗，很多高校撤销了核学科。清华大学逆向奔赴，迎难而上，于1996年与中国核工业集团首创签署了核工程与核技术定向生联合培养协议。

在定向生培养工作中，清华大学心怀“国之大者”，不遗余力，配备优质师资力量，创新教学培养方式，形成了数理基础与工程技术能力结合、理论与实践并重、突出系统整合能力的办学特色，培养了一大批志向高、素质好、潜力足的优秀定向毕业生，成功

输送到中国核工业集团重点成员单位。1996 年开始定向培养本科生，2000 年开始联合培养博士生，2004 年开始联合培养工程硕士生，2022 年联合培养专项工程硕博士，目前，已形成以“联合培养、定向就业、服务国防”为特色，以“服务国家战略需求、理工结合、又红又专”为理念，“培养深造、激励保障、就业发展”相结合的定向生培养体系。

迄今，清华大学和中国核工业集团已连续招收核工程与核技术专业定向生 28 届，累计培养本科毕业生 1410 人，硕士、博士毕业生 250 人，毕业定向就业率达 90% 以上，完整履约（在中国核工业集团工作超过 5 年）比例超过 85%。清华定向生当中，57 人已成长为核行业权威专家或中国核工业集团处级以上管理人才，227 人已成长为中国核工业集团重大工程型号总师、领域资深专家或专业带头人，累计获省部级以上荣誉 500 余项。

（二）促进多学科深度交叉，实现知识与技术双轮驱动

党的二十大报告指出，“科技是第一生产力、人才是第一资源、创新是第一动力”。高等学校在执行知识创新任务的同时，还必须进行技术创新和产业创新，促进学科交叉融合，才能实现知识创新、技术创新和产业创新的有机协调，培养符合国家需求的高层次人才。核能系统的尖端复杂性决定了其必须由各学科深度交叉融合才能完成开发，而清华大学当时的多学科性工学背景为核能技术的研究和创新提供了坚实丰饶的土壤。

1986 年，863 计划启动后，高温气冷堆被列为能源领域的一个研究专题，设立了设计研究、燃料元件研究、钍—铀循环燃料后处理研究等 8 个研究方向，进行了系统深入的开发论证和单项关键技

术实验研究。

1992 年 3 月，国务院批准立项，在清华大学建一座高温气冷实验堆。1995 年 6 月，10 兆瓦高温气冷实验堆（HTR-10）浇灌第一罐混凝土。2000 年 12 月首次装料达到临界。2003 年 1 月顺利实现满功率调试运行和验证试验。建设过程中，完成了反应堆系统的自主设计，通过核安全审查；研究和开发了关键的技术和设备，完成国产化制造；建立了燃料元件的生产线，实现批量生产；研究和开发了全数字化反应堆保护系统。

HTR-10 是全球首座模块式球床高温气冷堆，它的成功建设表明我国初步具备了高温气冷堆的自主设计和建造能力，形成了自主独立的知识产权。清华大学已经具备了从反应堆概念出发，凝练并突破关键技术，直至实现集成示范的能力。

（三）推进校企协同创新，建成商业化示范工程

以 HTR-10 为基础，清华大学踏上了产业创新的新征程，与中国华能集团、原中国核工业建设集团启动了高温气冷堆核电站示范工程（HTR-PM）的筹备工作和标准设计。2006 年，高温气冷堆核电站被列入国家科技重大专项，专项总体实施方案于 2008 年 2 月得到国务院常务会议批准，其主要目标是建成具有自主知识产权的 20 万千瓦模块式高温气冷堆核电站示范工程。

2012 年 12 月示范工程开工以来，项目联合团队十年磨一剑，克服了各种困难，取得了重大进展，逐一完成试验验证、工程设计、工程建造、双堆临界等里程碑节点，2021 年实现并网发电。2023 年 12 月，示范工程正式投入商业化运行。

高温气冷堆核电站示范工程，是世界上最接近商业化、安全

高温气冷堆核电站示范工程外景

性也最高的四代核电技术。它在国际上被认为是一种“不会熔毁的反应堆”。这首先归因于它所采用的全陶瓷型的高性能核燃料，利用清华大学中试生产线的技术成果，建成了高温气冷堆核燃料元件厂，年产 30 万个燃料球，其技术水平和生产规模居于世界首位。

在重大专项实施过程中，项目联合团队完成了一系列世界首台套的、重大装备的制造。据统计，团队共开发出核岛设备 15181 台套（包括首台套设备 2201 台，以及世界上还没有、通过研发创制的创新型设备 660 台），核电站国产化率达 93.4%，对于相关行业的技术提升起到了重要的推动作用。

（四）服务国家重大需求，协同筹划战略性新兴产业

在示范工程建设过程中，清华大学与产业部门面向更广阔的低碳蓝海市场，作出了深谋远虑的筹划部署，坚持更好服务国家

重大需求。2014年3月，清华大学与原中国核工业建设集团签署《关于进一步深化高温气冷堆技术产业推广的合作协议》，支持其在国内外开展60万千瓦高温气冷堆机组的国内外产业化推广。2017年7月，清华大学与原中国核工业建设集团下属公司签署沙特高温气冷堆项目可行性研究报告编制委托合同，针对在沙特建设高温气冷堆项目进行可行性研究。2018年1月，国务院批准中国核工业集团与原中国核工业建设集团实施重组，后者整体无偿划转进入中国核工业集团。中国核工业集团继承了上述合同的权利和义务。2018年9月，清华大学和中国核工业集团签署共建核研院相关协议，标志着双方合作进入了更加深入务实的阶段，为建设世界一流的核科学基础研究、创新技术研发基地，打造校企合作新模式、新典范奠定坚实基础。2021年9月，清华大学与中国核工业集团、中国华能集团、宝武钢铁集团、中信集团签约共建高温气冷堆碳中和制氢产业技术联盟，努力实现相关行业的二氧化碳极低排放，以良好的学科优势、丰富的技术储备支撑国家“双碳”战略实施。

三、经验启示

近些年，清华大学积极贯彻落实党中央作出的关于教育、科技、人才一体发展的重要部署，继续与企业加强合作，在人才培养、科学研究、校企合作及成果转化方面不断探索新模式、实现新突破。

1.党建引领，为重大专项提供坚强政治保证。高温气冷堆示范工程是综合性的尖端复杂系统，需要多学科、多行业、多主体密切配合，而且越到吃劲的关口，越容易暴露先期未曾发现的问题，越容易产生多边矛盾和分歧。为确保此项工程的顺利推进，清华大学核能与新能源技术研究院党委和中核能源科技有限公司党委于2018年12月联合发出“党建促专项”系列党建活动倡议书，倡议示范工程各参研、参建单位，高温气冷堆全产业链各环节主体，跨部门、跨行业、跨所有制地组织开展联合党建活动和党建研究工作。通过一系列“党建促专项”系列活动的开展，形成“党组织引领带动、多单位协同共进、重点难点集中攻关”的良好局面。各方政治方向更加坚定，合作共识更加广泛，科研队伍更加稳定，高温气冷堆创新链上的所有人更能长久地坚持下来、紧密地团结起来、高效地联动起来、坚决地冲锋上去。

2. 久久为功，坚守爱国奉献的初心使命。爱国、报国、强国，是刻画在一代代清华核能人基因里的信念符号。清华大学核科学与技术团队多年来秉持“知难而进、众志成城”的精神，面向国家重大需求，甘于寂寞、勇于创新，能打硬仗、敢啃硬骨头。作为全球首堆，示范工程没有可借鉴经验，面临诸多类似的高难度技术挑战。团队把核能安全作为可持续发展的生命线，把研发高温气冷堆先进核能系统作为实现初心使命的学术理想，在王大中、吴宗鑫、张作义等学术带头人的领导下，一代接力一代，坚持自主创新，不断取得重大原创成果，推动我国高温气冷堆技术从跟踪到引领的跨越。在国家科技重大专项支持下，与中国核工业集团、上海电气集团展开合作攻关，攻克了30多项关键技术，其中高精密换热管对接焊工艺等18项重大工艺均为国内首创，真正让实验室里的技术实现了工程化、变成了生产力。

3. 团队作战，形成攻坚克难的强大合力。为适应承担重大项目的要求，团队实行统一领导，团队内的重大工作安排、重大事项决策、重大资源配置等，都由团队共同的制度和机制来决定。团队内部创新分工合作，突破传统教授带学生的“小作坊”模式，纵向保持原有以学科领域建立的研究室基础不变，横向根据承担大项目的需要，从各研究室抽调所需研究人员，形成项目研究组。在管理上，团队对成员统一分配任务、统一进行考核。这种团队组织形式兼顾学科与研究任务需要，为涉及多学科的大型复杂研究任务的完成，提供了灵活组织保障，凝聚了攻坚克难的强大合力。

4. 校企合作，探索协同育人的人才培养模式。校企合作、产教融合是培养科研人才的重要途径。清华大学与企业合作之初，明显感觉到校、企文化之间的差别。大学教师习惯于学术研究，喜欢不断探索、追求完美，对设计成果精益求精。企业设计人员则更多是工程思维，更加注重进度、成本、可靠性。为推动合作，清华大学和中国核工业集团共同成立联合总体室，创立协议定向生培养模式，鼓励学生“立大志、入主流，上大舞台、干大事业”；联合举办核工程硕士班，建立“师徒制”。经过多年合作，大学教师更加重视工程技术合理可行、规范变更，企业职员则更加理解、尊重教师对创新的追求。双方充分发挥各自优势，实现育用结合、产教融合、优势互补，为定向生培养、重大专项示范工程有效推动提供了有力保障。如今，中核能源科技有限公司52%的员工拥有硕士及以上学历，40%拥有高级职称，其中大部分经过了核研院工程硕士班的培养。

思考题

1. 如何强化高校和行业企业协同育人，全面提升创新型、应用型、复合型人才培养能力？

2. 基于案例进行分析，你认为校企合作人才培养能够取得实效，最关键的因素是什么？

心有大我育栋梁　至诚报国践初心

——全国高校开展黄大年式教师团队创建活动

【引言】2021 年 9 月，在第三十七个教师节来临之际，习近平总书记给全国高校黄大年式教师团队代表回信，对他们寄予殷切期望，并向全国广大教师致以节日的祝贺和诚挚的祝福。习近平总书记强调，“好老师要做到学为人师、行为世范。希望你们继续学习弘扬黄大年同志等优秀教师的高尚精神，同全国高校广大教师一道，立德修身，潜心治学，开拓创新，真正把为学、为事、为人统一起来，当好学生成长的引路人”。

【摘要】为认真学习贯彻习近平总书记关于教育的重要论述和对黄大年同志先进事迹重要指示精神，推进高素质专业化创新型高校教师队伍建设，教育部于 2017 年起组织开展全国高校黄大年式教师团队创建活动。首批创建 201 个团队（含吉林大学黄大年同志生前所在团队），2021 年第二批创建 200 个团队，2023 年起开展第三批创建工作。几年来，各地各校深入开展团队创建工作。吉林大学地球探测与信息技术教师团队赓续传承黄大年同志未竟事业，取得深地探测新进展；兰州大学大气科学教师团队扎根祖国西北大地，积极开展半干旱气候变化研究，为全球气候变化研究发挥积极作用；武汉大学古籍整理研究所冷门绝学传承教师团队薪火相传，沉潜章黄学术，集雅诂之大成；西南大学土壤肥料学教师团队驻守西南农村生产第一线，点燃乡村振兴新引擎；上海交通大学氢轻之美创新教师团队致力于镁合金研究，推动重大工程装备轻量化。全国高校黄大年式教师团队创建工作有力引领带动了各地各校在教育教学中推进协同育人，在科研工作中实施集智攻关，在团队建设上发挥传帮带作用，培养了一批又一批在师德师风、教书育人、科研创新、社会服务等方面成绩突出的教师团队。

【关键词】黄大年　协同育人　集智攻关

一、背景情况

党的二十大报告提出，“教育、科技、人才是全面建设社会主义现代化国家的基础性、战略性支撑”，强调“全面提高人才自主培养质量，着力造就拔尖创新人才，聚天下英才而用之”。以习近平同志为核心的党中央高瞻远瞩，明确把科技自立自强作为国家发展的战略支撑，为新时代坚持和发展中国特色自主创新道路指明了前进方向。

高校作为人才培养的摇篮、科技创新的重镇、文化传承的高地，高素质专业化创新型教师队伍建设作为教育、科技、人才融合发展的系统性思维与高水平办学实践的重要承接点，在国际战略格局深刻调整、世界范围内科技竞争日趋激烈的时代背景下，还需要回答好关于教育优先发展、科技自立自强、人才引领驱动的四个关键问题。即如何把基础研究、前沿技术研究、冷门绝学研究的“冷板凳”坐出“热效应”？如何从教学中挖掘科研潜力，用科研工作反哺教学业务，实现教学与科研的相互促进？如何提升服务国家战略需求和地方经济社会发展的技术贡献率和科技支撑度，把个人的科技追求融入国家发展和民族振兴伟业？如何打造一支可持续发展、善于兵团协作和联合攻关的教师团队，释放高校科教资源优势，激发人才创新活力？

2017 年 5 月，习近平总书记对黄大年同志先进事迹作出重要指示，强调要以黄大年同志为榜样，学习他心有大我、至诚报国的爱国情怀，学习他教书育人、敢为人先的敬业精神，学习他淡泊名利、甘于奉献的高尚情操，把爱国之情、报国之志融入祖国改革发展的伟大事业之中、融入人民创造历史的伟大奋斗之中。为贯彻落实习近平总书记重要指示精神，教育部启动全国高校黄大年式教师团队创建活动，前两批认定了 401 个在师德师风、教育教学、科研创新、社会服务、团队建设等方面成绩突出，为教育改革发展稳定作出重要贡献的高校教学科研单位和创新团队，覆盖各学科门类和东中西部省份。2023 年，教育部开展第三批全国高校黄大年式教师团队创建活动，199 个团队入选。多年来，全国各地的黄大年式教师团队立足本职岗位，凝聚团队力量，在教书育人、科研创新、社会服务、团队建设等方面取得了丰硕成果。

二、主要做法

斯人已逝，精神长存。黄大年同志用生命书写了中国的深地探测史诗，在祖国大地上树立起一座巍峨的精神丰碑。多年来，全国高校黄大年式教师团队以黄大年精神为指引，在协同育人、科研创新和团队建设等方面不断探索，为全国高校教师队伍建设提供了范本。

（一）赓续精神伟力，不忘科研报国初心，进军深地探测新纪元

吉林大学地球探测与信息技术教师团队是黄大年同志生前所在的团队，在黄大年同志的激励引领下，团队赓续前行，潜心教研，努力传承和发扬黄大年精神，勇攀地球物理高峰。

“急国家之所急，应国家之所需”，团队以地球深部探测技术及其应用的重大科研项目为牵引，集成科技创新大平台，在移动平台探测技术、地质资源多元勘探理论等方面取得突破性成果。针对西方国家对我国海洋电磁勘查技术的封锁，研发了双船拖曳式海洋电磁勘探系统及其配套数据解释平台；实现航空重力梯度仪核心器件整机从无到有的重大突破，使我国成为继美国之后世界上第二个掌握旋转式航空重力梯度仪核心技术的国家；面向三维地质目标实现重、磁、电、震和井中探测多方法信息融合，为海量、多元探测数据的集成和综合解释提供了科学路径。

团队延续多学科交叉协作人才培养模式和应用地球物理卓越人才培养体系，推出“研、严、妍”全程研究育人和红专融合创新培

养模式；量身定制“实验实习一体化”的实践教学内容，以“抽象理论形象化、野外现场室内微型化、数据处理可视化”为方向推动实验室建设，形成以立德树人引领，理工交叉融合培养，以解决地质问题和创新能力培养为目标的拔尖创新人才培养经验。

在传承和弘扬黄大年精神、创建黄大年式教师团队工作的过程中，吉林大学积极探索，在已有的3个国家级、6个省级黄大年式教师团队基础上，于2022年开展首批校级黄大年式教师团队创建工作，共评选出17个校级团队，进一步明晰高校教师团队建设路径，并实现黄大年式教师团队对学校8个学部、12个学科门类的覆盖。

（二）以地域特色涵养科研优势，探索西部高校高水平人才“自我造血”新模式

黄建平院士领衔的兰州大学大气科学教师团队，是一支坚守在我国西北地区、主要由青年学者组成的国家级创新研究队伍。他们化地域劣势为科研优势，扎根半干旱气候变化研究，为我国大气科学学科培养了一批能够坚守西北、奉献国家的青年杰出人才。

筚路蓝缕、困知勉行，团队着眼西部生态环境特征，响应国家防灾减灾重大战略需求，开展半干旱气候变化研究，努力做好服务地方经济建设、环境保护的应用性科研工作，针对环境影响评价及规划、灾后重建积极开展科技成果转化，多方位服务于气象业务和国防建设。将我国半干旱气候变化研究工作推至国际前沿，参与了联合国政府间气候变化专门委员会（IPCC）第五次评估报告的撰写工作，为政府决策、“一带一路”倡议的实施、国际气候谈判提供科学支撑。

团队凝练地域特色、集聚学科优势、集中传帮带力量，精准发力，着力培育专精特新学科，以点带面构建有组织科研良好生态。加强局校合作、军地合作、国际合作，通过国际交流、合作研究、联合培养，建立与国际一流高校的长期联系；探索“事业留人”的西北特色人才培养新模式，扎根青藏高原、西北荒漠等国家生态安全重要屏障，在深入沙尘源区、冰川、高海拔地区的野外观测和科考实践中取得第一手资料，做好原创性研究、磨炼团队凝聚力，打造青年人才为国家干事创业的广阔平台。

（三）汲古润今，薪传守创，弘扬章黄国学，筑牢文化自信

武汉大学古籍整理研究所冷门绝学传承教师团队以文字音韵训诂之学和文献学为根基两翼，以数字人文和古籍数智化为前沿探索路向，为传承冷门绝学甘坐“冷板凳”。

《故训汇纂》《中华大典·语言文字典·音韵分典》《古音汇纂》等每部精品巨作背后都有一批人10多年埋首书斋艰辛劳作。武汉大学古籍整理研究所以古代小学和文献学为根本，以中国传统语言学典籍的整理和研究为立所基础，秉持“薪传守创”的建设理念，不断探索，边学边干。《古音汇纂》率先探索大型语文工具书计算机数据库建设和辅助编纂，建成含百余万条数据记录的古代音切数据计算机数据库，改变过去只靠专业人员手工制卡分卡、编排数据、誊写出稿的辞书编纂方式，显著提高古籍整理效率和准确性。

团队以中国古典学术传承为导向，有组织地推动课程体系建设，探索独具人文特色的拔尖创新人才培养模式。与国学院、简帛研究中心、文化遗产智能计算实验室长期共建，组建跨科际教学团

队阵列，形成以弘毅学堂“国学”专业、强基计划“古文字学”方向为培养基地的高端学术型教育教学模式，保障复合型、基础研究型文科人才品质。积极投身国家一流本科专业建设，在各级各类教学改革项目、基层教学组织和教学人才计划中获申报立项，专业核心课程改革建设形成“校级培育—省级立项—国家级冲刺”的稳健态势，将“冷门”课程打造成“活的文献学”。

（四）耕地拓土，切问民生温度，助力乡村振兴

西南大学土壤肥料学教师团队在创始人侯光炯院士“大地之子”精神引领下，组成“教学—科研—实践”相结合的老中青团队，在科技成果和人才培养上双管齐下，助力乡村振兴。

西南地区生态脆弱、石漠化问题严峻，直接制约了山区群众的农业生产。在负责人谢德体教授的带领下，团队针对岩溶山地脆弱生态过程及恢复技术开展系统研究，长期深入贫困山区考察调研，足迹遍及上千个乡镇，开挖土壤剖面数百个，建立耕地质量提升示范片上百个点次，在云贵川地区合作建成 6 个科技小院，研发新技术产品 15 项，形成绿色生产技术模式 5 套，开展培训和观摩 90 余场次，培训农民和基层技术人员上万人次，为农民节本增收 2.1 亿元，打通农业科技落地“最后一公里”，是乡村振兴路上笃行不怠的“护航员”。

团队驻扎农村生产第一线，“将实验室延伸到田间地头”，将课堂教学与生产实际结合，为中西部基础单位输送优秀硕博人才。制定“创新创业星火计划”，成立“创新创业基金”，切实助推学生就业创业，人才培养成效显著，是我国西南地区农业资源与环境领域高级人才培养和科学研究的中坚力量。

西南大学土壤肥料学教师团队

（五）科研落地，产业兴邦，材料研究推动“大国重器”研制

上海交通大学氢轻之美创新教师团队敢啃特种材料研究“硬骨头”，实现重大国防装备轻量化，将中国“镁”推向全世界。

团队秉持原创高端材料坚定信念，经过数十年的努力，攻克了镁合金强度低、耐热差、易腐蚀三大瓶颈，突破材料开发、熔体处理与部件成型等关键工艺与技术难题，实现镁合金从非承力结构件至主承力结构件应用的跨越。所开发的镁基储氢材料低成本批量化制备技术全球领先，在常温常压下实现与液氢相当的储氢密度，首次使“氢成药”成为可能。随着中国镁合金材料的身影遍布航空航天、国防工业、能源、医疗等诸多领域，团队研制的50余种、3000余件大型复杂部件，已被应用于20多种重点装备的研制和批产。

“寓精于料，料要成材，材要成器，器要有用”。团队积极推进科研成果的产业化示范应用，在上海、安徽、河南、江苏、浙江多地建立中试基地，技术转移到15家企业，直接孵化8家高新技术企业，带动就业超千人。系列技术在多家企业实现产业化，带动了高速交通、纺织机械、稀土产业和铸造加工行业的集体发展，实现了基础研究、应用开发、工程化研究和技术转移的有机融合。

三、经验启示

全国高校黄大年式教师团队将师德师风建设贯彻教育事业始终，不断发扬科研创新对人才培养、社会服务的辐射带动作用，着眼于国家重大战略需求，坚守教育报国理想、不忘立德树人初心，从本职岗位做起，为实现中华民族伟大复兴的中国梦贡献了智慧与力量。

1. 把师德师风建设摆在首要位置，继承和弘扬黄大年精神、教育家精神，让高尚师德在教学科研业务中接受充分检验。教育者先受教育。黄大年式教师团队认真学习习近平总书记重要论述和指示精神，深入挖掘黄大年同志留下的宝贵精神财富，在学术和专业研究领域，秉持对新理论、新方法、新技术孜孜以求的学术态度叩问科学真谛，坚持守正创新；不忘初心，为人师表，课程思政与专业建设同向同行，凝聚成几代人驻守贫困山区考察、深入冰原荒漠科考、沉潜珍本古籍研究的团队信念，用自身奋战在科研一线的干劲、拼劲、韧劲、冲劲、闯劲在青年学生中形成学无止境、不惧挑战的拼搏氛围。来自不同专业领域的教师团队用一流的科学理念、一流的世界眼光和一流的战略思维不断推动科研创新、理念创新和制度创新，敢闯敢试、敢为人先、善作善成，努力抢抓新一轮科技革命和产业变革重大机遇；大力弘扬以“心有大我、至诚报国的理想信念，言为士则、行为世范的道德情操，启智润心、因材施教的育人智慧，勤学笃行、求是创新的躬耕态度，乐教爱生、甘于奉献的仁爱之心，胸怀天下、以文化人的弘道追求”为主要内涵的教育家精神，以赤诚之心、奉献之心、仁爱之心做好教书育人的本职工作。

2. 主动担负教育强国重任，寓人才培养于科学研究、社会服务、文化传承的过程之中，锻造可堪大用的后备生力军。黄大年式教师团队主动担负服务国家和社会发展之重任，以身作则，率先垂范，以浓厚的家国情怀涵养青年人才潜心科研的奉献之志，以笃行实干的奋斗态度历练后备力量勇攀高峰的创新之能，努力培养敏于求知、勤于实践的学科高精尖人才。各高校或专注于研究型团队的战略发展，发挥各学科优势，在对生态安全建设、乡村振兴等现实问题的原创性探索中不断培养出一批批杰出青年人才；或着眼于对专业领域内教师队伍年龄梯次、学术协作效率的不断优化，发挥团队成员传帮带作用，为学科建设凝聚“大兵团作战”力量；或依托区域人才培养资源，联动本学术领域内各级各类教科研组织共同铺设教学阵列，开展重大科学问题的合作研究，拓展人才可持续成长平台；或聚焦教学改革、课程建设，发扬学科优势，创建厚基础、宽口径、重能力、有特色的复合型领军人才培养模式。

3. 坚持以人民为中心的最高行动准绳，以专业素养影响时代、感染社会，提高科学研究成果的社会服务能力。广大黄大年式教师团队坚持以问题为导向，紧贴地方需求，面向区域发展，努力做好与地方经济、文化、生态文明建设要求对口的应用性科研工作。来自不同专业领域的黄大年式教师团队不仅通过科学技术攻关拉动人民生产生活改革创新的基建引擎，更坚持深入生活，扎根人民，在接续文化历史研究优良传统的同时推动文化事业创新发展，不断推出贴近大众生活、反映时代特征、提振民族精神的优秀人文社科成果，用广泛的社会行动服务国家文化发展和文化建设，丰富国家文化软实力的精神内涵，诠释我国人文艺术学科的信仰之美、崇高之美。高校教师科研和业务的深度融合，亦体现在开展科学传播活动的社会服务能力上，用发好全国科普基地重要媒介，面向社会开展科普教育和宣传，吸引来自全国乃至世界各地的青年人才参与到科技创新与服务、促进科技成果转化、推动相关产业发展的进程中来。

4. 瞄准国家战略需求，敢为人先，推动科研创新，将攀登科研高峰的勇气与扎根中国大地的研究结合起来。全国高校黄大年式教师团队聚焦国家战略需求，面向学科前沿高地，立足生态环境修复与治理、保障和改善民生、产业提质增效高质量发展、突破尖端技术垄断等国家重大战略需求，有针对性地研发创新理论与技术。广大高校教师团队围绕关键科学问题，通过高质高效的“大兵团作战”，加强重大重点课题攻关的目标导向，将拔尖创新人才培养模式、科技创新攻关和文化传承拧成一股绳，形成有组织科研的组织结构优势、集群优势，有组织地服务于国家和区域经济社会发展，以基础理论创新带动专业学科整体向前发展；积极推进科技成果的产业化示范应用，提升科技成果转移转化能力服务产业转型升级，以科学技术创新引领全国生产实践，形成具有实效的“理论 + 实践”先行先试案例，树立我国各领域生产实践工作的示范标杆。

思考题

1. 党的二十大报告将教育、科技、人才统筹部署，请谈谈高等教育何以从学术前沿迈向科技前沿、立于世界前沿、不断提升服务国家经济社会发展的能力。

2. 全国高校黄大年式教师团队创建工作对“大先生”培育与创新实践有何借鉴意义？

3. 本案例中有哪些做法和经验可以推广到教师团队的建设中？

学为人师　为欠发达地区输送教育振兴“火种”

——北京师范大学全面实施“强师工程”的实践

【引言】2021 年 3 月，习近平总书记在看望参加全国政协十三届四次会议的医药卫生界、教育界委员时发表重要讲话，强调“要加强中西部欠发达地区教师定向培养和精准培训”。2022 年 9 月，习近平总书记给北京师范大学“优师计划”师范生回信，勉励同学们“毕业后到祖国和人民最需要的地方去，努力成为党和人民满意的‘四有’好老师，为培养德智体美劳全面发展的社会主义建设者和接班人贡献力量”。

【摘要】北京师范大学是我国最早的现代师范教育高等学府，为国家培养了一批又一批优秀教师。

进入新时代，我国开启了全面建设社会主义现代化国家的新征程，人民对公平而有质量的教育的向往更加迫切。面对新方位、新征程、新使命，教师队伍建设还不能完全适应，存在有的地方对教育和教师工作重视不够、师范教育体系有所削弱、有的教师素质能力难以适应新时代人才培养需要、教师城乡结构和学科结构分布不尽合理等诸多深层次问题。时代越是向前，知识和人才的重要性就越发突出，教育和教师的地位与作用就越发凸显。只有从战略层面和全局高度充分认识教师工作的极端重要性，坚持把教师队伍建设作为基础工作、战略工程来抓，才能办好党和人民满意的教育。

建设教育强国，构建高质量教育体系，关键在中西部欠发达地区（以下简称欠发达地区），关键在欠发达地区的教师队伍建设。为全面贯彻落实习近平总书记关于教育的重要论述，尤其是习近平总书记给北京师范大学“优师计划”师范生重要回信精神和“四有”（有理想信念、有道德情操、有扎实学识、有仁爱之心）好老师重要论述精神，助力欠发达地区教师队伍建设和教育质量提升，北京师范大学深入推进实施“强师工程”。

【关键词】“四有”好老师　“强师工程”　“优师计划”

一、背景情况

党的十八大以来，在以习近平同志为核心的党中央的坚强领导下，我国教育事业取得历史性成就、发生历史性变革，教师规模不断扩大、教师素质显著提升，教师队伍建设迈上新台阶，有力支撑起新时代教育的高质量发展。当前，我国拥有世界上最大规模的教育体系，国家财政性教育经费支出占 GDP 比例连续 10 年保持在 4%以上，教育成为财政一般公共预算第一大支出。我国专任教师总数达到1844.4万人，教师队伍建设正走向关注素质能力提升和优化结构布局的新阶段。2023年5月，习近平总书记在主持二十届中央政治局第五次集体学习时强调，“要把加强教师队伍建设作为建设教育强国最重要的基础工作来抓”。基础教育作为国民教育体系的重要组成部分，教师队伍作为教育发展的第一资源，关乎国家的前途命运和人民的根本利益。

作为近现代高等师范教育的开拓者与排头兵，北京师范大学始终坚持教育兴邦的初心，勇担教育图强、育人兴邦的神圣使命，在新时代赓续红色基因和光荣传统，助力欠发达地区教育优质均衡发展，在已有工作的基础上整合举措，探索实施“强师工程”。学校党委高度重视，主动出击、系统谋划，成立“强师工程”领导小组，由党委书记和校长任双组长；成立“强师工程”办公室，统筹推进重点任务；召开“强师工程”研讨会、学习贯彻习近平总书记给“优师计划”师范生重要回信精神专题研讨会，深入研讨、统筹推进相关工作；将“强师工程”写入学校“十四五”规划和学校第十四次党代会报告；出台《中共北京师范大学委员会关于进一步推进“强师工程”的实施意见》，不断完善“强师工程”工作体系和实施路径。

二、主要做法

北京师范大学“强师工程”聚焦服务教育强国和乡村振兴重大战略，推出六大计划，包括“优师计划（志远计划）”“启航计划”“教师能力提升计划”“基础教育质量监测和诊断计划”“‘四有’好老师奖励计划”“师范教育协同提质计划”。

（一）加大“四有”好老师定向培养力度，为欠发达地区输送教育振兴的“火种”

1. 坚持定向培养，实施“优师计划”“志远计划”。2020年学校启动“志远计划”，面向当时尚未脱贫摘帽的52个贫困县所在省份，招收定向就业师范生155人。2021年，在“志远计划”成功经验的基础上，积极响应教育部“优师计划”，按照“省来县去”的定向培养模式，持续为欠发达地区输送优秀一线教师。北京师范大学主动担当作为，逐年扩大“优师计划”招生规模，力争“十四五”期间覆盖全部脱贫县、中西部陆地边境县及革命老区基础教育薄弱县。提升师范生教育教学质量。学校制定跟踪调研实施方案，完成师范专业人才培养方案修订，设计四年一贯制、进阶式教育实践课程体系，开设“职业信念与养成教育”专门课程，全面引导学生树立争做“四有”好老师的职业理想，着重提升未来教师的素质能力。首创覆盖城乡两种教学环境的“双实践”制度，被教育部列为全国“优师计划”培养要求。以北京师范大学基础教育附校为依托，探索建设服务师范生实习实践的“第二校园”，强化师范生能教善教的硬实力。打造“学院＋书院”协同育人模式。发挥珠海校区师范生培养创新试验田作用，制定《第一课堂、第二课堂协同育人工作方案（试行）》，探索形成“通识教育＋学科专业教育＋教师职业教育”贯穿全学段的“三维度、一体化”创新培养模式。实行“双导师”制，成立中小学名师名校长工作室，开展朋辈学业帮扶活动，开设通识素养和兴趣拓展课堂，拓展“互联网＋教育”新模式，致力于培育引领未来教育变革的卓越教师。打造教师素养类“金课”。汇集全校优势资源，精心打造教育学、教育心理学、现代

首批"志远计划"新生座谈会在北京师范大学珠海校区举行

教育技术、中国教育改革与发展等4门通识必修课，为全体本科生打上"师范"烙印，提升"四有"素养。完善多学科支撑教师教育的体制机制。重点处理好教师教育和相关学科的辩证统一关系，以教师教育优势学科为主体，强化教育学、心理学等一流学科的引领作用，凸显多学科助推高质量教师教育体系建设的矩阵效应，为培养学科基础扎实、一专多能的"四有"好老师提供学科支撑。

2. 坚持精准输送，实施"启航计划"。2020年起，北京师范大学自筹经费实施"四有"好老师"启航计划"，先后出台多项工作实施方案，突出基层就业地域和基础从教学段导向，引导和鼓励毕业生到基层、到中西部、到祖国最需要的地方去建功立业。学校秉持"扶上马，送一程，服务终身"的工作理念，对入选毕业生给予最高10万元的专项奖励，并提供校友指导、集中培训、青年教师成长工作室等帮扶举措，构建系统化的“跟踪帮扶”机制，为师范生长期从教、终身从教提供支持，为欠发达地区留住人才。组建“启航计划”导师团，累计配备校友导师45位，开展就业经验分享会，组织职后培训，推动能力提升。自2014年习近平总书记在北京师范大学考察并发表重要讲话以来，学校已累计向基础教育领域输送1.1万余名高素质人才，其中有5800余人前往中西部地区从教。为提升师范人才输送的精准性，校领导带队开展县域专项调研，走访欠发达地区教育主管部门、中小学和“启航计划”毕业生，了解地方教育生态，掌握人才需求建议，摸排毕业生发展情况并挖掘先进典型，持续优化“强师工程”实施路径。设立“强师”基金、“优师”基金，争取基金会、企业等社会资源的支持，初步构建起“优师”公益伙伴体系；探索建设“强师工程”县域工作服务站，为在县域及以下从教的校友成长提供多元条件保障。大力发展现代远程教育（网络教育），培训教师教育专业人才4.4万名。

（二）坚持精准培训和评价把脉并重，助力欠发达地区教师队伍水平提升

1. 实施“教师能力提升计划”。探索“线上＋线下”“能力＋学历”培训模式，搭建教师培训与学历教育衔接的“立交桥”。依托高等师范院校基础教育工作研究会，牵头搭建“强师在线”——高师基础教育支持乡村振兴公益平台，汇聚全国40余所高师院校基础教育学科科研成果及其附属学校一线教师教学经验，面向832个脱贫县、160个国家乡村振兴重点帮扶县免费开放，现已覆盖31个省市自治区和1个特别行政区的58万余名教师。上线课程、课例近3000门次，为教师自助成长、结伴成长提供平台。启动实施“百千万

北京师范大学举办"强师工程"县域教育发展论坛暨"百千万计划"启动会

计划"，在"十四五"期间与中西部百县千校合作，培训万名县域"四有"好老师，现已完成与21个县的签约，培训欠发达地区教师和校长20余万人。精准对接陕西安康、云南沧源等10余个县域基础教育发展需求，定制开出新时代校园长培训等个性化菜单，辐射数万名一线教育工作者，深度服务中西部县域基础教育变革。

2. 实施"基础教育质量监测和诊断计划"。发挥"资政智囊"作用，依托北京师范大学中国教育与社会发展研究院国家高端智库、中国基础教育质量监测协同创新中心，探索中西部欠发达地区教育发展、教师成长、教育帮扶等规律，为国家决策提供参考。制定《脱贫摘帽县教育质量监测评估分析工作方案》，为参与监测的每个脱贫摘帽县提供一份监测评估报告，开展监测结果反馈与应用指导。设立专项课题，面向欠发达地区特别是832个脱贫县，聚焦教育发展、教师队伍建设和“县中塌陷”等问题，以广西大化县为样本，通过“解剖麻雀”的方式开展深度个案研究，提炼政策建议。开展全国教师工作状况调查，连续2年开展2轮监测，完成全国31个省市自治区的教育质量评价诊断和38万余名教师的工作状况监测，为欠发达地区教师队伍建设提供基础数据支撑。

（三）大力弘扬“四有”好老师精神，努力营造尊师重教的社会氛围

1.实施“四有”好老师奖励计划。2014年起，学校探索实施“四有”好老师奖励计划。2015年，北京师范大学开展首届中国启功教师奖评选，面向我国县级及以下农村地区基础教育领域，评选出10位长期坚守在当地教育教学第一线并作出突出贡献的杰出教师。2018年，北京师范大学、光明日报社、中国教育学会联合设立“四有”好老师奖励计划。10位长期坚守在基础教育教学第一线、从教30年以上并作出突出贡献的优秀教师获评；10支参加“中国好老师”公益行动的优秀团队，获评“四有”好老师公益行动奖。下一阶段，奖励计划将面向扎根中西部基础教育的校友教师开展评选，大力倡导扎根中西部、长期从教的良好风尚。

2.构建“四有”好老师奖励体系。2023年9月，学校在庆祝第39个教师节暨建校121周年表彰大会上正式发布“四有”好老师奖励体系。奖励体系重视教职工的长期表现、卓越贡献和终身成就，特别设置奖章、荣誉称号、纪念章三大类别，从教学、科研、管理、服务多维度形成涵盖在岗教职员工与广大校友教师、覆盖教师职业生涯全过程的荣誉系统，激励广大教职员工共同追求卓越，以高质量发展助推中国式教育现代化。

（四）创新对口支援模式，打造师范教育共同体

1. 首倡建立师范教育联盟，贯彻落实教育部师范教育协同提质计划。作为协同提质计划组团牵头高校，坚持高位推动、系统谋划，积极联动3所参与帮扶高校，全力支持4所薄弱院校开展建设。每年召开由牵头高校、参与帮扶高校、薄弱师范院校及所在省份教育厅共同参与的组团联席工作会议，确立组团帮扶模式与组织架构，统筹制定组团工作方案。学校领导带队赴薄弱师范院校开展专项调研，面对面精准把脉，在充分调研的基础上，形成高质量“一校一策”工作方案。围绕人才队伍建设、学科专业建设、基础教育服务能力建设、学校管理与发展建设等方面，基于薄弱师范院校办学定位和发展需求开展帮扶工作，坚持扶特补弱、坚持资源共享，携手师范院校共同实现“四有”好老师培养质量提升，助力全国教师队伍建设。

2. 探索“一校帮一省”，助力青海师范大学实现跨越式发展。2018年，北京师范大学与青海师范大学正式签订对口支援协议，对青海师范大学实施全方位、宽领域、深层次的对口支援。健全工作机制，打造嵌入式帮扶新范式，连续5年将对口支援工作列入学校年度工作要点，连续牵头召开6届对口支援青海师大联席会议。北京师范大学各院（系）、职能部处与青海师范大学19个学院、27个部处实现工作对接，学校领导班子互访41人次。对口支援期间，北京师范大学派出的挂职干部持续精准发力，激发改革发展新动能，指导青海师范大学编制完成“十四五”发展规划，聚焦学科发展、人才培养和师资建设，在硕博学位授权点、科研项目经费和课程思政示范课等方面实现历史性突破。坚持量质齐升，构建“两院

一基地”发展新格局，青海师范大学软科排名跃升至254位，提前实现进入全国前300名的“十四五”规划目标，极大地提升了青海师范大学服务青海省基础教育优质均衡发展和支持“四地建设”的能力。2023年8月，双方签署新一轮5年对口支援协议，为下一阶段实现对口帮扶创新发展奠定坚实基础。

3. 服务“三区三州”，对口支援西昌民族幼儿师范高等专科学校。2019年5月，由教育部牵头协调16所院校，以北京师范大学为组长单位，组团式对口支援西昌民族幼专。4年来，北京师范大学以高度的政治责任感和使命担当，助推西昌民族幼专实现快速发展，赋能凉山州幼教事业发展，推动“三区三州”教育事业从“输血”走向“造血”。选派管理干部挂职，选派专家学者和优秀学生前往开展教学科研工作；实施教师和干部培训工程，结合理论课程与跟岗实践，建强教师工作队伍；捐资捐物，强化硬件设施保障；启动凉山州师生智慧赋能乡村振兴项目，提升凉山州师生网络素养与信息化能力；依托北京师范大学教育集团力量，搭建学生实习实践基地；深度参与凉山州“学前学会普通话”行动，承担支持11个县市8万余名儿童学前学会普通话的帮扶任务。

三、经验启示

北京师范大学始终坚持党的全面领导，服务国家战略，坚持系统推进，坚持问题导向和质量为重，努力通过推进基础教育优质均衡发展助力中国式教育现代化建设。

1. 必须服务国家战略，心怀“国之大者”。“强师工程”聚焦服务教育强国和乡村振兴重大战略，立足重点区域和重点需求，制定针对性、可操作性强的行动方案，多措并举加大对欠发达地区基础教育师资队伍建设、教育质量提升等方面的帮扶支持力度，助力基础教育优质均衡发展和中国式教育现代化建设。

2. 必须统筹谋划，一体推进系统化改革。“强师工程”致力于培养面向欠发达地区基础教育高素质教师，实施从师范生招生、培养、输送到教师职后支持、基础教育质量监测诊断改进的全流程、闭环式、系统性改革举措。学校坚持从顶层设计上统领，贯彻“培养一批、输送一批、提升一批”的工作思路，一方面改革校内协同运行机制，成立“强师工程”办公室，强化统筹协调职能；另一方面整合社会资源，打造师范教育共同体，形成合力，助力教师教育质量提升。

3. 必须坚持问题导向，深入开展调查研究。紧密围绕中西部欠发达地区基础教育发展，聚焦短板弱项和难点堵点，坚持以“问题导向”引领“调研方向”，积极探索破解难题的办法和路径。学校开展主题教育专项调研，由校领导带队赴 6 个中西部欠发达省（自治区），走访 20 个市州 23 个县域，深入 41 所县域及以下中小学和 1 所乡镇幼儿园，破解欠发达地区基础教育优质均衡发展的难题，对相关保障政策落地、欠发达地区县域基础教育教师队伍存在的问题及需求把脉问诊，摸排毕业生发展情况并挖掘典型，努力推动地方落实定向就业师范生政策保障，优化“强师工程”实施路径。

4. 必须坚持质量为重，积极探索新时代教师教育新模式。加大基础学科和师范专业发展建设力度，全方位谋划教育人才培养质量提升。聚焦新时代对教育人才的需求，修订人才培养方案，设计四年一贯制、进阶式课程体系，探索创建“第二校园”，实行覆盖城乡的“双实践”制度，开展跟踪调研，强化师范生培养过程和质量跟踪评价，多措并举提高“四有”好老师和具有“四有”素养的拔尖创新人才培养质量，培养大批热爱乡土、扎根基层、教育报国的高素质人才，为中国式教育现代化和教育强国建设贡献更多智慧和力量。

思考题

1. 在助力欠发达地区教师队伍建设过程中，师范类高校可以在哪些方面主动作为？

2. 如何依托“优师计划”，通过加强体制机制创新，进一步提升欠发达地区教师队伍素质和教育质量？

强化科技支撑　端牢能源饭碗

——油气开发专项助力我国油气增储增产增效

【引言】习近平总书记多次作出“大力提升国内油气勘探开发力度，努力保障国家能源安全”重要指示批示。2022年10月16日，习近平总书记在党的二十大报告中指出，“加大油气资源勘探开发和增储上产力度，加快规划建设新型能源体系”，“立足我国能源资源禀赋，坚持先立后破，有计划分步骤实施碳达峰行动”，“加强能源产供储销体系建设，确保能源安全”。

【摘要】我国作为世界上最大的能源消费国，如何有效保障国家能源安全，始终是能源发展的首要问题。近些年来，我国加快转变能源利用方式，大力提升能源利用效率，能源技术水平不断提升，从“跟跑并跑”向“创新主导”加速转变。油气开发、常规油气勘探开采技术达到国际先进水平，页岩油气勘探开发技术和装备水平大幅提升。大型油气田及煤层气开发科技重大专项充分发挥企业主体作用，在研发成果转移转化和推广应用方面取得成效。通过示范工程成果转化累计直接带动新增产值超 8000 亿元，净利润超 2000 亿元。在支撑国家油气储量产量目标实现、保障国家能源安全的同时，带动了石油工程技术装备和服务产业的快速发展。一是依托示范工程和油田现场，加快技术成果示范应用，实现“稳油增气”战略目标。超深超高压裂缝性低孔砂岩气藏成藏原创性理论和配套技术助力塔里木油田库车地区实现天然气增产，确保 300 亿立方米西气东输战略大气区如期建成。二是工程装备自主化发展，带动油田服务产业快速发展。中国石油集团东方地球物理勘探有限责任公司（以下简称东方物探公司）新一代软件平台 GeoEast-iEco 成为中国石油物探主力处理解释软件平台，全面实现国产替代，“两宽一高”（宽频、宽方位、高密度）油气地震勘探技术装备在国内外广泛应用，近 3 年新增产值 368 亿元，东方物探公司业务规模连续 7 年位居全球行业第一。三是关键技术实现突破，引领页岩油产业稳步发展。水平井体积压裂技术在鄂尔多斯盆地陇东示范区规模应用，单井初期日均产油 11.2 吨，助力庆城油田百万吨页岩油生产基地成功建成。

【关键词】科技赋能　产业发展　成果转化

一、背景情况

能源是工业的粮食、国民经济的命脉。新中国成立以来特别是改革开放以来，我们能够创造经济快速发展和社会长期稳定两大奇迹，离不开能源事业不断发展提供的重要支撑。

21世纪初，我国经济进入高速发展阶段，对石油、天然气等清洁、高效能源需求迅速增长的同时，也长期面临自给能力不足、对外依存度高甚至触及能源安全警戒线等问题，亟须加强国家油气安全供给能力。然而由于地质结构复杂、油气资源禀赋特殊等原因，我国石油工业上游发展面临重大科学技术瓶颈。一是油气勘探面临"丰度低、埋深大、目标隐蔽"的难题，油气开发存在"高含水、低渗、难采"的壁垒；二是常规石油工程技术装备只能部分国产，高端装备和大型软件主要依赖进口；三是深水油气勘探起步晚、底子薄，开发技术和装备几乎为空白；四是煤层气开发仍处于起步阶段，页岩气、致密油等非常规油气资源开发尚未开展。与此同时，全球经济面临多重下行风险，地缘政治冲突持续加剧，都给全球油气供需带来更多的不稳定性。面对当时复杂的国际国内形势，我国油气产业必须以国内油气增产保供的确定性来应对外部环境的不确定性，必须大力推动油气相关规划落地实施，推动油气产业实现高质量发展，保障国家能源安全。

为全面集结国家顶尖科研力量攻克油气勘探开发技术难题，我国于2008年起设立了"大型油气田及煤层气开发"国家科技重大专项（以下简称油气开发专项）。油气开发专项是《国家中长期科学和技术发展规划纲要（2006—2020年）》中确定的16个国家科技重大专项之一，也是唯一由企业牵头组织实施的重大专项。在实施工作组和各成员单位共同努力下，油气开发专项不断创新管理机制，依托企业科技创新体系，集聚全社会优势力量协同创新，做到产学研用深度融合、项目和示范工程紧密结合，通过10多年艰苦努力，全面完成攻关任务，使我国油气勘探开发整体技术水平达到或接近国际先进水平。与此同时，专项实现了多项技术突破，使我国石油工业上下游科技水平与创新能力显著提升，有力提高了我国油气科技自主创新能力。

二、主要做法

油气开发专项以国家油气重大需求为目标，围绕制约国民经济发展、工业行业面临的重大科技问题开展顶层设计，注重与企业重大创新需求、业务发展目标和勘探生产实际的紧密结合，切实做到了企业科技目标和国家科技目标高度统一。为推动专项技术成果的培育与快速转化，专项配套设置了示范工程，并注重与研究内容、研究进度、示范效果的“三个对接”，确保项目与示范工程的高效运行。专项构建了“研究—示范—产业化应用”一条龙模式，实现了技术集成、配套、示范和推广，推动了创新理论技术的发展、完善和规模推广。

（一）强化技术成果示范应用，助力超深层油气开发

塔里木盆地是我国最大的深地油气富集区，目前探明的埋深超过 6000 米的油气资源，分别占全国的 83.2%和 63.9%。然而塔里木盆地也是国际上公认的油气开采技术难度高、安全及成本管控风险高的地区，其中涉及的超深超高压气藏开发更是世界级难题。为将这些埋藏在地壳深处的油气资源顺利开采出来，油气开发专项集结全国优势技术资源，开展产学研用协同攻关，推动库车地区天然气持续增产上产，保障 300 亿立方米西气东输战略大气区如期建成，目前已成为我国最大超深层油气生产基地，正在向世界超深油气田建设目标迈进。

超深超高压裂缝性低孔砂岩气藏勘探开发配套技术助力塔里木油田库车地区实现天然气增产

1. 坚持理论研究、技术攻关、试验示范全链条推进、一体化实施。一方面，组织科研、实验、试验团队开展联合攻关。在摸清三重复杂介质渗流规律和开发机理，突破针对性开发技术、工艺及配套工具的基础上，及时开展现场试验，并修正完善技术方案，推动技术配套与扩大试验，建立三种高效布井开发模式。另一方面，推动新技术工业化示范应用。打造大北—克深气区、克拉 2 气田、迪那气田三大示范基地，推动三种高效布井开发模式的示范应用，使钻井成功率、产能到位率达到 100%，高效井比例提至 91.4%，有力支撑了库车地区天然气产量上产 300 亿立方米。

2. 充分发挥各类企业主体作用，强化资源统筹配置。统一项目攻关顶层设计，科研院所、大型石油集团公司侧重基础性、战略性、关键核心技术攻关，油田自身侧重重大技术现场试验与配套完善，强化对现场生产的应用支持。同时，同一领域科技项目统一由同一研究团队承担，并负责资源的统筹协调。包括优化人力资源配置，统筹安排各类科技项目经费投入和配套应用，统筹安排现场试验、总装集成、推广应用、转化创新全过程管理等。

3. 坚持开放合作，聚集全球优势科技力量协同攻关。突出自主开放融合式科研体系建设，以技术研发、技术定制、技术优选等方式联合国内外顶尖科研力量开展开放创新。针对超深井钻井周期长、成本高等难题，项目联合中国石油工程技术研究院、西部钻探工程公司、休斯敦研发中心等高水平科研院所和技术公司共同攻关，实现高温高密度高抗盐水侵油基钻井液技术、自动垂直钻井系统等国产化，打破国外技术垄断并实现规模化应用，钻井周期同比大幅降低，7000 米级复杂超深井钻井配套技术日趋完善，加快了天然气产能建设步伐。

（二）强化企业创新主体投入和创新激励力度，推动工程装备自主开发

地球物理勘探技术难题是制约油气发展的关键因素之一。2008 年以来，东方物探公司依托油气开发专项，历时 12 年围绕我国物探领域关键共性技术和重大技术难题开展系统攻关，实现了我国物探核心技术“从无到有”再到“全面自主可控”的重大跨越，物探技术服务和竞争能力大幅提升。在以科技创新引领企业走进世界舞台的过程中，东方物探公司充分发挥国有企业集中力量办大事的优势，创新形成了依托国家科技重大专项，以企业为主体，以市场为导向，产学研深度融合的全球化科技创新体系，在新型举国体制探索中进行了有益实践。

1. 专项经费和企业投入相结合，为我国物探技术创新提供强大支持和平台。物探技术是找油找气的核心技术。长期以来，我国物探技术落后国际先进水平 10—15 年，核心装备和软件主要

依靠进口。为打破外国技术服务公司的技术封锁，摆脱我国地震勘探核心装备、核心软件严重依赖进口的局面，油气开发专项将“高精度地球物理勘探技术研发及应用”设立为重点项目，在项目组织、经费投入等方面给予了长期、稳定和重点支持，项目覆盖“十一五”“十二五”“十三五”三个时期，共投入科研经费38.15亿元（其中，国家拨付经费8.53亿元，吸引中国石油集团配套投入29.62亿元）。东方物探公司作为项目牵头单位，组织了1500余人的产学研用攻关团队，历时10余年，实现了我国物探核心装备、核心软件和关键技术的全面自主化，实现了我国物探技术由“跟跑”向“并跑”乃至“领跑”的转变。

2. 坚持自主创新，发挥企业主体作用，实现关键核心技术快速突破。在核心软件上，东方物探公司以企业为主体，统筹相关科研院所并联合20多家知名高校，组织300多名科研骨干，历时19个月，成功研发出我国首套大型油气勘探软件GeoEast，在各大油气田实现了安装全覆盖，全面替代了国外主流软件。目前，GeoEast已成为全球三大主流软件之一，整体性能达到国际先进水平，成为我国大型工业化软件研发的标志性成果。在核心装备上，东方物探公司打造形成了以EV56高精度可控震源、G3i超大道数地震仪等为代表的装备利器，实现了物探核心装备的国产化、自主化。尤其是成功研制了全球首台大吨位横波可控震源，引领行业进入矢量勘探的新阶段。这些软硬件创新成果，使我国形成了国际领先的陆上“两宽一高”（宽频、宽方位、高密度）高精度地震勘探技术、海底节点地震勘探技术，成为推动国内油气重大突破和开拓国际市场的尖兵利器。

3. 坚持市场导向，发挥研用一体化优势，服务油气勘探开发。

东方物探公司深化与油公司“一对一”技术合作，加速研发与应用结合，建立了研发与应用高度协同的“矩阵式”管理模式，确保研发与应用任务同部署、同考核。瞄准“高精度、高效率、低成本”勘探需求，依靠自主知识产权装备、软件集成创新，打造形成了“两宽一高”（宽频、宽方位、高密度）技术系列，大幅提升了复杂地质目标的勘探成功率；研发了全球领先的混采数据分离技术，颠覆了传统生产方式，推动作业日效由 1 万炮提升到 5.5 万炮，创造了高效作业的世界纪录。这些特色优势技术的广泛应用，为新疆玛湖、长庆庆城两个 10 亿吨大油田，塔里木库车、四川川南两个万亿立方米大气区等重大发现，作出了重要贡献。

4. 坚持开放联合，发挥产学研协同效应，构筑全球化科技创新网络。东方物探公司先后引进 36 名国际高端人才，打造了由 1 名院士、5 名国家级人才、97 名公司专家、9000 多名科研骨干组成的中外技术团队。同时积极构建国际国内统一布局的软硬件研发环境，在“四国五地”建立科研机构，与美国斯坦福等 36 家知名院校和科研机构，壳牌（Shell）、英国石油公司（BP）等 10 余家大油公司开展了 120 余项技术合作，有力推动了多波、偏移成像等前沿技术的快速突破。目前，公司业务遍布全球 5 大洲 73 个国家，为 270 多家油公司提供技术服务，成为全球最具竞争力的物探技术服务公司。

（三）加强关键技术攻关，助力页岩油产业发展

页岩油由于储量丰富，已经成为石油产业持续高质量发展的重要战略接替资源。但页岩油属于非常规石油资源，和常规油藏相比，勘探开发难度极大。例如，长庆油田所处的鄂尔多斯盆地页岩

油资源丰富，但整体呈层薄、非均质性强等特点，储层致密，堪称“磨刀石中的磨刀石”，勘探开发难度很大，多年来未取得实质性突破。近年来我国石油企业锚定非常规页岩油资源勘探开发目标，依托油气开发专项，深化基础理论研究，加强关键技术攻关，强化现场应用，创新形成了以大平台立体式布井、细分切割体积压裂为代表的页岩油规模效益开发技术系列，支撑页岩油开发再上新台阶。2022 年我国页岩油总产量突破 300 万吨，成为全球第二个实现页岩气规模开发的国家，其中长庆油田页岩油产量达 221 万吨，占国内总产量的 70%以上，成为国内最大的页岩油开发示范基地。

1. 聚焦页岩油开发需求，攻克关键核心技术。为探索页岩油有效开发技术，长庆油田依托油气开发专项，组建了一支涵盖地质、开发、钻井等专业的页岩油勘探开发攻关团队，攻关形成了鄂尔多斯盆地页岩油规模效益开发五大核心技术系列 18 项配套技术。创新利用黄土塬“高保真、高分辨率”可控震源三维地震技术，持续提高超薄甜点预测精度，既保证了“看得清”，又兼顾了“探得深”；围绕直井产量、效益低的问题，突破形成水平井优快钻井、细分切割体积压裂等关键核心技术，储层改造采用自主研发的体积压裂关键工具，单井产量提升 8—10 倍。关键技术的突破，让长庆油田页岩油不仅实现了找油的“大场面”，更实现了采油的“快准稳”。

2. 创新集约立体建井模式，释放规模效益潜能。针对页岩油储层长而薄、纵向多套油层叠合的特征，兼顾地表环境敏感区，创建了大井丛、多层系、立体式、差异化集约布井模式，适应客观地质、地貌条件，达到多油层一次井网充分动用。作为亚洲陆上最大页岩油长水平井平台，华 H100 平台部署水平井 31 口，与常规井相比，该平台产油能力增长 10 倍以上，开采储层辐射面积达 4 万多亩，占地面积仅 30 亩，真正实现了用小场地撬动大资源。尤为独特的是，该平台打破了以往一队一机的传统模式，采用一队五机，把设备和人员进行一体化设计，共享资源和保障设施，促进效益最大化。

3. 强化智能管理，提升整体开发效益。在示范区以长庆油田首座智能化无人值守联合站——岭二联合站为中心，通过“一级布站、橇装建站、智能管控”，形成了独立运行的“智能单井→智能平台→智能中心站”的新型地面配套系统。作业区级中心站可直接管理平台单井，大幅节约了人力资源，百万吨用工缩减至 300 人以内，单位用工成本降低 70%以上。

三、经验启示

油气开发专项立足国家重大战略需求，以企业为创新主体，积极探索和实践社会主义市场经济条件下工业科技创新的新型举国体制，积累了宝贵经验。

1. 始终坚持党对科技事业的全面领导。贯彻落实习近平总书记“四个革命、一个合作”和关于大力提升勘探开发力度等重要指示批示精神，深入实施创新驱动发展战略，坚持目标导向和问题导向相统一，着力解决影响石油工业发展全局和长远利益的油气科技问题。大力弘扬石油精神、铁人精神，把党支部建在科研团队上，党建与科研深度融合、同步推进。

2. 建立了以企业为主体的科技举国体制创新模式。油气开发专项充分集聚全社会优势力量协同创新，建立了“政府为主导、企业为主体、全社会参与”的重大科技任务实施路径。宏观层面，专项的组织实施由国务院统一领导，科技部、国家发展改革委、财政部三部门及国家能源局充分发挥宏观指导作用，在战略规划、政策保障、监管督导和资金保障等方面，实现统筹组织、强力推进。中观层面，以大型石油骨干企业“科技联盟”为主体，实现科技创新统一计划、统一部署、统一攻关，充分发挥油气行业准军事化组织、执行力强的优良传统，形成了与完整的工业体系相配套的科技创新体系。微观层面，发挥油气行业“大兵团”作战优势，在实施过程中共吸引 8.5 万多人次参与、5 万多人长期参加，在产业集聚度高的行业探索出一条企业牵头组织实施重大科技项目的创新之路。

3. 强化顶层设计，以国家需求为导向，聚焦国家重大专项标志性成果，助推国家油气能源目标顺利实现。围绕国家目标与行业需求，按照“十一五”“十二五”“十三五”三个五年规划，制定总体实施方案和阶段实施计划，依据“研究方向保持稳定，研究内容根据进展适时调整”的原则，分阶段组织实施，形成了专项梯次滚动推进的总体战略布局。围绕专项总体战略目标，凝练和梳理了与专项设立目的、战略地位和资源投入相匹配的标志性成果，制定了专项技术推进路线图，通过强化目标和问题导向，明确标志性成果关键时间节点，实现“挂图推进”，有力保障了重大标志性成果和目标任务按照计划进度科学推进。

4. 以企业需求为导向，推动建立产学研用深度融合的开放创新机制。围绕支撑油气增储上产的重大科技需求，发挥骨干企业创新主体和龙头带动作用，聚集高校、科研院所学科和人才优势资源，建立稳定的产学研用一体化合作模式，实现企业牵引、高校和科研院所“特尖专精”优势发展的创新格局。立足国际视野，打造开放创新合作平台，引进 50 名海外高层次人才，迅速补强薄弱研发方向；加强与国外大学、研究机构合作，在地球物理勘探领域软件研发形成“两国四地”、装备研发形成“四国五中心”的国际化布局。

5. 强化科技攻关与示范工程相结合，推动成果集成和快速转化。在专项顶层设计中，强化研究项目与示范工程的一体化布局，构建形成“研究—示范—产业化应用”一条龙模式，促进成果无缝对接、快速转化。在充分发挥示范工程先行先试作用基础上，建立了有效的项目与示范工程协作机制，促进研发成果的快速转化应用。

思考题

1. 如何进一步发挥新型举国体制优势，加快自己所在行业领域的关键核心技术攻关？

2. 请结合本案例的经验做法，谈谈所在行业领域加快科研成果转化创效的具体做法以及进一步改进的措施建议。

探秘“第三极” 青藏科考破译“巅峰密码”

——深入推进第二次青藏高原综合科学考察研究

【引言】2017 年 8 月，第二次青藏高原综合科学考察研究在拉萨启动。习近平总书记向中国科学院青藏高原综合科学考察研究队致贺信，并指出，希望参加科学考察的全体科研专家、青年学生和保障人员发扬老一辈科学家艰苦奋斗、团结奋进、勇攀高峰的精神，聚焦水、生态、人类活动，着力解决青藏高原资源环境承载力、灾害风险、绿色发展途径等方面的问题，为守护好世界上最后一方净土、建设美丽的青藏高原作出新贡献，让青藏高原各族群众生活更加幸福安康。

【摘要】中国科学考察的“探针”，一遍遍触摸人类未知的时空和领域。第二次青藏科考坚持重大标志性科学工程定位。科考队由战略科学家领衔，包括了全国 260 多个单位的 7000 多人，坚持一体化集成攻关和协同研究，连续两年成功实施“巅峰使命”珠峰科考。2022 年，我国珠峰科考首次突破 8000 米以上海拔高度，首次在地球之巅利用高精度雷达测量峰顶冰雪厚度，成功架设世界海拔最高的自动气象站。2023 年 5 月，随着科考队员在珠峰成功登顶，我国青藏科考再次攀上地球之巅。聚焦气候变化、水资源、地质构造等关键科学问题，深刻揭示高原变化机理；围绕生物多样性、碳循环、高原人口健康等时代命题，持续提出发展建议；有力服务川藏铁路等重大工程建设，第二次青藏科考形成了一批具有世界影响力的原创性理论成果，提出了一批支撑国家重大战略和重大工程建设的科考方案。一代代科考人围绕高原生态环境保护和可持续发展等重大命题，克服极寒、缺氧、积雪等挑战，不断拓展科学研究和野外考察的广度和深度，勇攀科学高峰，填补重要区域战略空白，产出具有世界影响力的引领性、前沿性、原创性科研成果。科考进展与成果将为重大工程建设和运维安全、国家生态屏障体系优化提供有力支撑，助力我国应对气候变化和实现“双碳”目标。科考队员们心怀“国之大者”，坚持对祖国、对世界、对科学、对人类的价值追求，不怕艰险、甘于奉献、追求真理，勇攀精神高峰，助力青藏高原生态文明高地建设，为实现人与自然和谐共生的中国式现代化贡献科考力量。

【关键词】科学家精神　科研探索　青藏高原综合科学考察

一、背景情况

习近平总书记在中央第七次西藏工作座谈会上指出，保护好青藏高原生态就是对中华民族生存和发展的最大贡献。有着“世界屋脊”“亚洲水塔”“地球第三极”之称的青藏高原是我国重要的生态安全屏障和战略资源储备基地，也是亚洲众多大江大河的发源地。作为地球上最独特的地质—地理—资源—生态单元，这里被科学界称作开展地球与生命演化、圈层相互作用及人地关系研究的“天然实验室”。

我国历来高度重视青藏高原研究工作。1971 年周恩来总理主持召开的全国科学技术工作会议上，制定了基础研究八年科技发展规划（1972—1980），青藏高原综合科学考察研究是其中五个核心内容之一。20 世纪 70 年代，我国开展了第一次大规模的青藏高原综合科学考察研究（以下简称第一次青藏科考），全面完成了 260 万平方公里的考察，积累了大量的科学资料，取得了举世瞩目的成就。科考成果先后获国家自然科学奖一等奖和陈嘉庚地球科学奖，参与科考的刘东生、叶笃正、吴征镒等先后获国家最高科技奖，有 40 余名科考队员先后当选为院士。党的十八大以来，习近平总书记就青藏高原生态环境多次作出重要指示，“保护好青藏高原生态就是对中华民族生存和发展的最大贡献”，“青藏高原生态十分脆弱，开发和保护、建设和吃饭的两难问题始终存在。在这个问题上，一定要算大账、算长远账，坚持生态保护第一”。习近平总书记在致第二次青藏科考队的贺信中指出，开展这次科学考察研究，揭示青藏高原环境变化机理，优化生态安全屏障体系，对推动青藏高原可持续发展、推进国家生态文明建设、促进全球生态环境保护将产生十分重要的影响。这都说明了青藏高原考察研究在国家重大科技布局和经济社会发展中的重要地位。

自第一次青藏科考开展以后的近 50 年间，青藏高原作为“地球第三极”、全球气候变化最敏感地区之一，其升温率超过全球同期平均升温率的2倍。青藏高原自然与社会环境发生了剧烈变化，是全球变暖背景下环境变化不确定性最大的地区，面临冰川退缩、冻土退化、冰湖溃决、冰崩、草地退化、泥石流频发等问题，对人类生存环境和经济社会发展造成了巨大影响。基于此，2017年8月，我国启动了第二次青藏科考，围绕青藏高原地球系统变化及其影响这一关键科学问题，设计了与气候变化、亚洲水塔、生态系统、生态安全屏障、生物多样性、人类生存环境、高原隆升、地质灾害、资源能源、区域发展等相关的10大任务，探索多圈层相互作用的地球系统科学研究。本次科考既是重大科学任务，也是重大政治任务。习近平总书记在致第二次青藏科考队的贺信中提出，要为守护好世界上最后一方净土作出新贡献。开展青藏高原系统科学研究，推动青藏高原可持续发展，事关保障“第三极”地区的民生福祉。

二、主要做法

第二次青藏科考充分发挥多部门人员间的协同作用，坚持“目标导向、集成力量、查明变化、支撑发展”的方针，深入推进青藏高原科学考察工作，揭示环境变化机理，准确把握全球气候变化和人类活动对青藏高原的影响，研究提出保护、修复、治理的系统方案和工程举措，发扬老一辈科学家艰苦奋斗、团结奋进、勇攀高峰的精神，以科技力量优化科考保障，以国际胸怀探索世界之巅，取得大量前沿成果，创造多项世界纪录。

（一）发挥新型举国体制优势整合全国力量，以科技创新保障科考顺利开展，共促人类命运共同体建设

1. 以新型举国体制优势确保科考顺畅进行。为保障第二次青藏科考的顺利开展，按照强化成果导向、简化流程、提高效率、释放活力的原则，实行领导小组决策、领导小组办公室部署、项目管理办公室管理下的科考队一体化管理机制。由国务院成立第二次青藏科考领导小组，科技部和中国科学院设立领导小组办公室，西藏、青海和甘肃分别成立省级领导小组，成立由中国科学院院士姚檀栋担任队长的科考队，全国 260 多家单位参与，汇聚了冰川、冻土、气候变化、水资源、森林、草原、土壤、环境、农业、地球物理、地质构造、古生物等不同专业领域的 7000 多名科研人员。第二次青藏科考任务充分体现了在推进中国式现代化进程中，国家对重大科考任务的高度重视。

2. 以科技创新保障科考使命的顺利实施。第二次青藏科考充分体现新时代“智能科考”的特点，对比第一次青藏科考，本次的科考手段、设备和方式均发生了巨大变化。第一，体现在野外科考装备更好了、后勤保障能力更强了、科考手段更先进了，从第一次青藏科考的“两条腿 + 四轮子”，到现在的浮空艇、无人机、无人船、直升机、卫星、高海拔自动科考机器人等新技术应用，极大提高了野外科考效率。在黄河源头冰川考察，直升机只需 8 分钟就能从 4000 多米飞到 6000 多米的冰川上。这不仅是科考方式的转变，也是国家实力的证明。第二，“巅峰使命”珠峰科考还应用了许多“黑科技”。例如，针对极高海拔地区仪器设备的电源问题，科考队和负责探月工程供电系统的研究人员联合，将月球上供电系统技术成

功应用到了极高海拔地区，解决了极高海拔地区仪器设备供电面临的极低温、极低压、电源保护自动启动等难题。

3. 以开放合作的态度，推进“第三极环境”国际计划。姚檀栋院士说过：“青藏高原的科学研究一定是开放的，不能是封闭的。”2009 年，中国科学院发起了“第三极环境（TPE）”国际计划，10 多年来，该计划凝聚了一个由中国科学家领衔、欧美顶尖科学家和周边国家科学家联合的 300 多人规模的国际超级科学团队。在联合主席和工作组专家的引领下，TPE 通过构建国际旗舰观测网络和国际数据共享平台，实施“第三极”多国联合科学考察研究，吸引具有知识和技术优势的欧美顶尖科学家和具有地缘优势的周边国家科学家围绕共同感兴趣的科学问题开展研究合作。加强与世界气象组织（WMO）、联合国环境署（UNEP）、联合国教科文组织（UNESCO）、国际冰川协会（IGS）等国际组织和国际计划的合作，融入国际组织和国际计划的发展战略，服务全球生态环境保护和可持续发展目标。牵头开展“第三极”与南北极的联动科考，推动应对气候变化与全球生态环境保护的国际协同行动。建立由中国主导的“第三极”科学研究话语体系，为推动共建绿色“一带一路”和全球生态环境保护服务。

（二）发挥研究建制化引领优势，树立原创性科考活动标杆

第二次青藏科考启动实施 6 年多来，科考队发挥我国青藏高原研究建制化引领优势，组织了 2500 多支科考分队、2.7 万多人次持续开展覆盖青藏高原五大综合区内 19 个关键区的全域科考，推动世界级原创成果产出，支撑国家重大工程和战略需求，融入青藏高原生态文明高地建设与可持续发展。

1. 关乎全人类福祉的世界级科考。青藏高原及周边地区关系到全球 30 多亿人口的生存和发展。第二次青藏科考围绕西风–季风协同作用、亚洲水塔变化、生态系统与生物多样性、人类活动、矿产资源等 10 大任务，在科考队员不畏艰险、勇攀高峰的精神下，战高寒、克缺氧、斗风雪，经过 6 年多的探索和研究，产生了一系列重大成果。阐释了青藏高原生态保护的系统性和特殊性；阐明了气候变化影响下亚洲水塔失衡的特征和影响；厘清了气候变化影响下青藏高原碳汇功能和变化特征；解析了青藏高原生态系统和生物多样性变化；揭示了青藏高原人类活动过程，评估了青藏高原矿产资源和油气现状与远景；研判了川藏铁路沿线灾害和生态风险；构建了地球系统多圈层综合观测与预警平台。对支撑青藏高原生态保护立法、应对气候变化并服务“双碳”目标、创新区域绿色可持续发展模式、优化国家生态安全屏障体系建设、服务山水林田湖草沙冰一体化保护与系统治理等重大国家战略议题发挥了重要作用。

2. 填补高海拔地区气候监测空白。2022 年 5 月 4 日，遥远而神秘的“世界屋脊”传来捷报：13 名科考队员登顶珠峰，完成“巅峰使命”——在海拔 8830 米架设了全球海拔最高的自动气象站，不仅刷新了全球自动气象观测站的架设海拔高度纪录，还拼上了我国珠峰极高海拔地区气象梯度自动观测拼图上的最后一块。这种自动气象观测站由太阳能电池板供电，通过卫星通信等手段，传送温度、湿度、风向、风速、太阳辐射等气象信息。这些实测数据不仅对监测高海拔冰川和积雪变化意义重大，在青藏高原科学考察研究历史上也具有划时代意义。

全世界海拔最高的自动气象观测站这项纪录来之不易。科考队在珠峰北侧布局了 8 个自动气象站。在最高气象站架设的冲顶过程

科考队员在登顶珠峰的过程中

中，沿路安全绳都被雪埋了，科考队员徒手将绳子拽出来，抖掉冰，再一点点前进。在海拔 8800 米处往下挖了 1 米多，还是没有找到可以架设设备的基岩。科考队员继续向上攀登了半个多小时，在距离珠峰峰顶很近的地方，才找到可以架设气象站的岩体。

3. 读取冰芯里的气候环境变化信息。“巅峰使命”的“无限风光”，不仅在珠峰顶上，还在茫茫冰川之下。从冰川顶部自上而下打钻得到的圆柱状冰样，叫作冰芯。它们是冰川研究者的“宝贝疙瘩”。冰川顶部的积累区，越往下冰层形成的年代越久远。一层一层就像树的年轮一样，可以把地球环境变化信息记录下来。

科学家们在海拔 8848 米、7028 米和东绒布冰川海拔 6500 米处先后钻取了冰芯，用于分析稳定同位素、黑碳、气溶胶等，研究珠峰的环境变化。“冰芯是研究青藏高原气候环境变化的密码。”据此次冰雪样品采集的负责人徐柏青介绍，每次采集冰芯都会面临多种风险和不确定因素：首先，要解决怎么上去的问题，通过修路、牦牛驮和直升机运完成人员和物资的运送和投放，还要考虑高度、速度等直升机性能指标；其次，过程中除了要抵御夜间低达零下20多摄氏度的严寒，还要对抗高达七八级的大风，工具断裂、天气突变等状况都有发生；最后，打完冰芯，还要快速将冰芯运下来，如果耗时过长，冰芯就会融化。

科考队登顶小组在珠峰各高度采集的冰雪样品，成为中国科学院青藏高原研究所冰芯库和冰雪库新的镇库之宝。科研人员正在分析这些样品里面记录的环境变化信息，看看珠峰地区的冰川处于什么状态，以及未来的发展趋势，重新评估珠峰地区的环境保护。

（三）新时代科考人践行科学家精神，担当光荣使命

冰川事业是一项豪迈的事业，是勇敢者的事业。这项豪迈的事业，成就了伟大的科学家精神。

1. 勇攀高峰、敢为人先。1973年，我国第一次青藏科考大幕拉开，由著名地理学家、土地资源学家孙鸿烈主持。在基础条件差、物资匮乏的年代，400多人毅然投身科考事业。啃压缩饼干，喝水壶里已经凉掉的水，就是一顿午饭；无数次前方无路，无数次下河推车。4年时间，从喜马拉雅山脉到藏北无人区，从横断山脉到阿里高原，科考队员几乎用脚步丈量了青藏高原全境。这支特别能吃苦的青藏科考国家队，开拓了青藏高原的科学大发现，也为之后的青藏高原研究打下坚实基础。这种基础不仅是科研工作本身，还包括工作方式和精神面貌。

在茫茫冰川上，科考队员的红色衣服格外醒目，一行十几人步履蹒跚，喘着粗气，回到海拔5600米的科考营地。在夜里，营地

帐篷内外温度基本一致，都是零下十几摄氏度的样子。科考队员们在帐篷里待着手是伸不出来的——冻手。钻进睡袋里能暖和一点，勉强睡一会儿。上到这个海拔高度最难受的是高原反应导致的后半夜头疼，凌晨两点多醒了就再也睡不着了。这些是冰川野外的生活常态。但在科学家精神的感召下，新时代的青藏科考人克服种种困难，不断刷新着“自己的高度”。

2. 集智攻关、团结协作。强化第二次青藏科考的地方参与度，为国家和地方政府培养一批有优秀科研能力、扎根高原的人才队伍。在每个关键科考区和专题科考分队正式出发前，积极与所在地方各级政府部门和科研院校对接沟通，邀请和遴选优秀人才参与科考工作。在科考过程中重点加强对这些人员的培养，帮助其学习先进的科考方法、培养科考思维，不断提高其科研工作能力，从而提升地方科技部门和科研院校的综合科技创新水平。同时充分调动广大群众的积极性，加强对第二次青藏科考服务支撑地方经济社会可持续发展的宣传力度，让社会民众正确认识科考、了解科考，并愿意积极主动参与科考。遴选优秀人员，统一配发自动化观测仪器和常规科学样品采集仪器，在其赴藏或在藏期间，沿途或定点开展气候环境监测与简单科学样品的采集。通过社会各界的广泛参与，实现部分简单科考内容的高时间分辨率；通过他们更大范围地宣传第二次青藏科考的宗旨和重大意义，强化科考舆论宣传，彰显科考的绿色发展理念，提高科考的社会参与度和影响力。

3. 追求真理、严谨治学。青藏高原作为我国重要的生态安全屏障和战略资源储备基地，认识它、研究它、保护它，是新中国成立以来，几代科学家一步一个脚印坚持在做的事。近年来，中国科学家对青藏高原的研究论文数量和引用率稳居世界第一。在《自然》

（*Nature*）、《自然—地球科学》、《自然—通讯》、《美国国家科学院院刊》（*PNAS*）等世界顶级期刊中发表了一系列文章。在世界极地科学圈中，由中国科学家主导的“第三极”研究作为一支崛起的力量备受关注。

全球都在关心气候变化，科学共同体期待来自“第三极”的声音。科研人员们还将在这块神秘的土地上继续探索，努力解开藏在这里千万年的秘密。

三、经验启示

6 年多来，第二次青藏科考在深入推进下取得丰硕的阶段性成果，实现了从“攀登”到“了解”再到“保护”的思路转变。而重量级成果的背后，是完成“巅峰使命”过程中的坚持与拼搏。

1. 服务国家战略，心怀“国之大者”。第二次青藏科考启动之初，习近平总书记就立足国家战略需求和国际大势提出了目标和要求，意味着我国青藏高原的生态保护和科学研究迈入新的发展阶段。特别是提出要“守护好世界上最后一方净土”，对行走在青藏高原上的所有中国科研人员提出了很高的要求，奠定了科考队员心怀“国之大者”，攻坚克难、勇攀高峰的精神底色。

2. 统筹科考资源，一体化集成攻关和协同研究。第二次青藏科考从国家层面立项，由战略科学家领衔，充分发挥新型举国体制优势，统筹全国 260 多家科研单位的 7000 多人组成科考队。充分采用卫星、高海拔自动科考机器人、互联网、月球供电技术、大数据处理与超级计算等新技术、新手段和新方法，助力国家重大战略实施。青藏科考涉及领域广泛、学科庞杂，从顶层设计上统领和整合资源，在既有的多个点面的研究基础上一体化集成攻关、协同研究，有利于研究工作的效率提升。

3. 传承科学家精神，守护“第三极”。始于20世纪70年代的青藏科考国家队是一支特别能吃苦的科研力量。每位在青藏高原做研究的科研人员身上都有一种相通的气质，他们脚踏实地、勇于探索、协力攻坚、勇攀高峰，这正是我国老一辈科学家开创的、并一代一代薪火相传的科学家精神。几十年过去，尽管第二次青藏科考有了一系列新科技装备加持，极大地改善了科考工作条件，但高原反应、极端的野外环境、种种危险等客观困难是必须靠人来克服的，进入冰川、湖泊、森林开展考察工作，人力始终不可替代。科考队员们风餐露宿、爬冰卧雪，在“第三极”上留下了他们忙碌的身影。可以说，勇攀高峰、敢为人先的创新精神，集智攻关、团结协作的协同精神极大程度支撑了新时代科考队员投入到守护“第三极”的实践中。甘于奉献、艰苦奋斗，这是青藏科考人一直不变的精神底色，未来也必将世代传承，成为青藏科考人不畏艰险、勇攀高峰的强大动力。

思考题

1. 国家重大科考应如何发挥新型举国体制的作用？

2. 什么是科学家精神？如何弘扬科学家精神？

开门共享　让大型科研仪器“忙”起来

——中国科学院生物物理研究所推动大型科研仪器开放共享

【引言】2014年10月，习近平总书记在中央全面深化改革领导小组第六次会议上强调，要从健全国家创新体系、提高全社会创新能力的高度，通过深化改革和制度创新，把公共财政投资形成的国家重大科研基础设施和大型科研仪器向社会开放，让它们更好为科技创新服务、为社会服务。

【摘要】一段时间以来，一些地方和部门科研设施和仪器重复建设和购置，存在闲置浪费问题。如何通过深化改革和制度创新，把大型科研仪器向社会开放，让它们更好为科技创新服务、为社会服务，成为亟待破解的课题。

重大科研基础设施和大型科研仪器（以下简称科研设施与仪器）是促进科技创新、拓展认知疆域的重要工具，是推进高水平科技自立自强的重要基石和保障。科研仪器开放共享，既为新冠疫苗研发、空间科学、种业创新等国家重大科技任务提供了支撑，也帮助无力购买大型仪器的中小企业减轻了创新负担。近年来，随着科技创新能力不断提升，我国在科研设施与仪器建设购置方面的投入逐步增加。据不完全统计，全国高校、科研院所原值50万元以上的科研仪器数量已超过13万台（套）。近年来，科技部等相关部门出台一系列相关政策，有效推进了科研设施与仪器向全社会开放共享。中国科学院生物物理研究所在科研仪器开放共享方面走在全国前列。该所建立了科研仪器集约化管理和对外开放共享机制，将价值50万元以上的仪器统一纳入公共实验平台管理，打造了一支高水平的实验技术队伍，多措并举激发实验技术人员工作积极性，以“仪器集约化＋人员专业化”双轮驱动提升科研仪器利用效率，为所内外多项重大科技创新提供了坚实支撑。该所还立足科研活动真实需求开展购置仪器，避免盲目追求高指标、高性能，从源头抓起，减少不必要的资金浪费，切实促进了开放共享、提升了仪器资源利用效率。

【关键词】科研仪器　开放共享　科研平台

一、背景情况

科研设施与仪器是用于探索未知世界、发现自然规律、实现技术变革、解决经济社会发展和国家安全重大科技问题的技术基础和重要手段，其在科技创新活动中发挥越来越重要的作用。近年来，科研设施与仪器规模持续增长，覆盖领域不断拓展，技术水平明显提升，综合效益日益显现。但与此同时，科研设施与仪器利用率和共享水平不高的问题也逐渐凸显出来，部分科研设施与仪器重复建设和购置，存在部门化、单位化、个人化的倾向，闲置浪费现象比较严重，专业化服务能力有待提高，科研设施与仪器对科技创新的服务和支撑作用没有得到充分发挥。因此，持续推进科研设施与仪器开放共享，破除稀缺资源垄断，让广大科研人员都能够找得着、用得上最先进最高端的科研仪器，对提升国家创新整体效能、服务国家重大科技创新具有重大意义。

为加快推进科研设施与仪器向社会开放，进一步提高科技资源利用效率，2014 年国务院发布《关于国家重大科研基础设施和大型科研仪器向社会开放的意见》，要求管理单位按照科研设施与仪器功能实行分类开放共享，建立促进开放共享的激励引导机制、评价体系和奖惩办法。2018 年开始，科技部、财政部和教育部连续 5 年对中央级高校科研院所大型仪器使用和开放共享情况进行评价考核，极大地促进了大型仪器统筹规划和专业技术支撑队伍建设，大型仪器设备使用效率明显提升。中央级高校院所仪器开放率从 2015 年的不足 50%提高到 2021 年的 100%，年平均机时从 500 小时提高到 1351 小时，平均对外服务机时从不足 50 小时提高到 232 小时，支撑保障了重大科研成果的产出和广大中小企业创新创业。中国科学院生物物理研究所（以下简称生物物理所）作为科研设施与仪器开放共享的典型单位，连续 5 年考评优秀，在平台建设、组织管理、共享服务等方面积累了一大批经验。

二、主要做法

生物物理所自建所以来，一直高度重视大型仪器基础条件及专业技术发展对基础科学研究的推动作用，明确提出“科学问题、人才、装备”系统发展的三要素理念。为促进所内科研设施与仪器的集成化管理和共享使用，生物物理所通过建平台、强队伍等举措，切实促进了科研设施与仪器开放共享，取得了较好成效。

（一）建平台：建立蛋白质科学研究平台，以集约式管理和技术创新提升仪器资源使用效率

1. 将仪器设备和工程技术人员统一纳入公共实验平台管理，解决资源分散、难以统筹的难题。一台仪器设备做出来后束之高阁，就难以发挥其应有的作用。因此必须加快国产科技仪器设备的推广应用，并在示范应用中不断完善。为打造国际先进的蛋白质研究共享设施，为我国生命科学的持续发展提供有力支撑，生物物理所 2003 年开始筹建蛋白质科学研究平台，专门改造了 1500 平方米的专业技术实验室，将课题组和重点实验室管理的大型仪器设备纳入平台统一管理。然而建设初期，部分研究人员认为将科研仪器共享给其他科研人员使用，是一种资源的“丢失”，因此不愿意将“自己”的设备纳入平台共享。这也是我国大部分高校院所仪器使用效率不高、闲置严重的重要原因。为从源头上解决这个问题，生物物理所采取了设置专业技术人员事业编制的办法，将原技术工程师和设备一起纳入平台统一管理，并优先保证重点用户的科研需求，逐步缓解了科研人员的担心。2008 年，生物物理所新建了蛋白质大楼，将一层 1200 平方米规划为蛋白质组学公共实验平台。

2. 持续强化蛋白质科学研究平台对科研设施与仪器的集中统筹功能，确保可持续发展。从 2015 年开始，随着蛋白质科学研究平

台技术支撑能力的不断提升，研究所修购项目、国家重点实验室等设备采购规划多数由平台技术工程师提出并完成，设备购置后自然就放在平台运行和管理，进一步强化了平台对仪器设备的统筹管理功能。蛋白质科学研究平台的建立和可持续发展，不但避免了各课题组共性设备的重复建设，而且为科研人员打造了良好的科技创新条件，成为研究所人才引进的优势。经过几年的建设，平台的发展重点已不再是仪器设备的购置建设，而是转移到关键装备的创新研制和新技术新方法的研究。

3. 对平台上的科研设施与仪器实行分类管理，提供专业技术支撑服务。按照不同的技术领域，平台将科研设施与仪器归属到不同的专业技术实验室，由技术人员提供专业技术支撑服务。平台已建成了包含结构与功能分析技术实验室、生物成像中心、蛋白质组学技术实验室、实验动物中心等多个专业技术实验室（中心）的蛋白质科学研究技术装备体系，综合技术支撑能力已经成为我国生命基础科学研究领域中最强的公共技术支撑机构之一。例如，生物成像中心集成了超分辨率光学显微技术、低温电子显微技术、三维重构技术、低温扫描微加工技术、单分子荧光成像技术以及一系列生物显微成像样品技术，承担了北京及周边地区生物显微成像技术服务工作；结构与功能分析技术实验室主要以蛋白质晶体衍射结构解析和核磁谱仪分析技术为主要技术能力，完整涵盖了从蛋白质制备到蛋白质功能分析的技术条件保障。

4. 以技术创新更好支撑共享服务，持续提升服务质量和仪器效用。平台在提供专业技术服务的同时，不断发展系列新技术新方法，为科技创新提供了高水平的技术支撑。例如，平台利用自行研制的连续切片自动收集器实现了高通量连续超薄切片的自动收集；

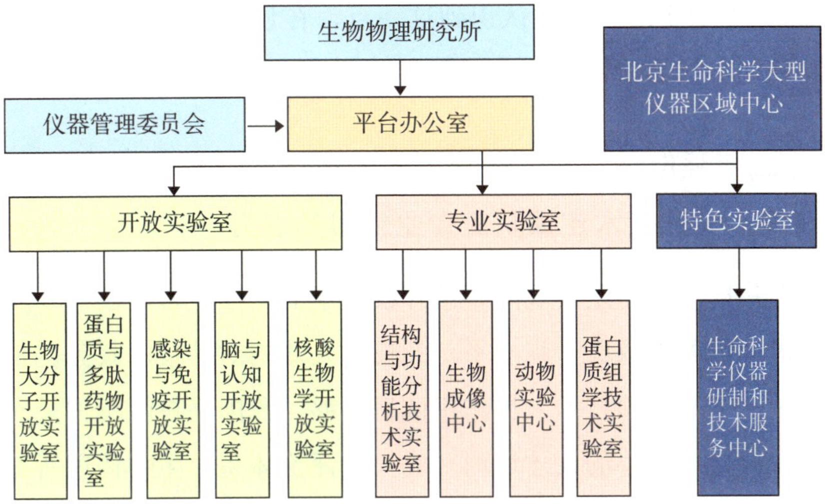

平台组织架构图

自主设计制作了高真空光学冷台，以低温样品杆作为冷台和转移装置，对低温冷冻样品分别进行荧光成像和电子显微成像，大大提高了数据收集效率和质量；自主发展的三束共焦离子束减薄系统，实现了聚焦离子束减薄样品的同时进行荧光实时监控成像。

5. 以信息化平台和合理的收费标准为抓手，完善对外服务机制。在大型仪器设备集中管理的同时，生物物理研究所是较早全面引入信息化管理的单位之一。2006 年开始，生物物理研究所就率先研发并使用了中国科学院大型仪器设备开放共享管理系统（SAMP），全面实现网上预约、自动刷卡、统一收费的集约化管理。同时，研究所按照大型仪器成本补偿和非营利性原则制定收费标准，积极为其他单位的科技开发、科学研究提供服务，收取的费用纳入单位预算，由单位统一管理。

此外，生物物理所还立足真实需求统筹购买科研仪器。科研仪器的指标参数、应用场景和适用范围差异很大，不能盲目追求“贵大上”。生物物理所充分认识到这一点，在仪器购置之初就做好调研和规划，按需采购，从购置源头上避免仪器重复浪费。

（二）强队伍：落实实验技术人员岗位、薪酬、评价等激励政策，提升技术支撑队伍专业化服务能力

实验技术人才是实现高质量开放共享的支撑。科研仪器开放共享在很大程度上取决于高水平专业技术人才的对外技术服务。长期以来，由于对实验技术人员作用认识不够，我国高校院所相关人才储备少，缺乏完善的人才培训、成长、评价体系。生物物理所充分认识到实验技术人才的重要性，不断加强队伍建设，提升专业化服务能力和水平，以人才“软实力”打造技术“硬支撑”。

1. 根据实验技术人员特点设立职称和晋升评定标准。考虑到实验技术队伍的特殊性，生物物理所在人员竞聘、晋级考核等方面都专门制定了符合实验技术队伍建设发展的人事管理条款。例如，技术支撑高级工程师的竞聘由专门的聘用委员会负责，与科研序列分开进行，避免了因工作性质和工作内容的不同导致竞聘条件出现的不合理，实现了技术工程师与研究序列人员在职称晋升方面的公平竞争。

2. 创新聘用管理办法，不断完善考核激励机制。为进一步激励实验技术队伍积极性，平台于 2016 年设置了高级技术主管岗位，享受额外绩效补贴，有效激发了技术支撑队伍的积极性和创造性。同时，平台针对实验技术队伍制定了专门的考核激励机制，将支撑服务工作量（机时）、支撑重大科研产出和新技术新方法创新等作为考核实验技术队伍的独特指标。此外，平台还通过设立技术创新奖、爱岗敬业奖和主任特别奖，不断完善实验技术队伍分类考核机

制。在相关举措带动下，实验技术人员“科研二线”的地位得到根本改变，职业发展渠道更加畅通，共享服务的积极性明显提升，专业化服务能力不断增强。

3. 加强待遇保障，吸引优秀人才加入实验技术队伍。早在2003年，生物物理所就规定技术支撑系列人员的薪酬待遇不低于同级别的研究系列人员待遇。截至2023年，平台技术工程师的平均薪酬要比研究系列和管理系列人员高20%，有力提升了平台技术工程师岗位的竞争力。同时，平台还为高级技术主管岗位提供每年不少于3万—6万元基本绩效补贴，技术服务收入的一定比例也会用于技术工程师年终绩效奖励。

（三）出成效：依托蛋白质科学研究平台为所内和所外科研人员提供技术支撑，助力科研成果产出

1. 为生物物理所所内用户提供服务，有效支撑国家“973”、“863”、重点研发计划等多项重大科研任务的完成。2018—2022年，所内服务有效机时达60万小时，完成预约服务超15万次，支撑研究所各类科研项目超过500项，发表论文332篇，《美国国家科学院院刊》（*PNAS*）及以上论文160篇，其中CNS（《细胞》《自然》《科学》3本杂志的总称）高水平论文19篇。凭借平台不断发展的技术力量，生物物理研究所在发表高水平研究论文方面，已进入国际一流研究所行列。例如，生物物理所利用冷冻电镜单颗粒三维重构方法率先解析了30纳米染色质纤维的高分辨率三维结构，揭示了30纳米染色质纤维高级结构，该成果发表后受到国内外学术界的广泛关注，被《生物化学》《结构生物学》等多部世界知名最新版本教科书收录。

2. 积极向全社会开放共享，为全国科研院所、高等院校、医院、企业等提供技术支撑。生物物理研究所是首都科技条件平台中科院实验研发服务基地的成员单位之一，在优先保障支撑研究所和区域中心成员单位科研需求的基础上，平台对外开放，服务领域涉及蛋白质分离纯化与鉴定、蛋白质靶点筛选和确证及基于蛋白质结构的药物设计、蛋白质与多肽药物的输送系统、蛋白质与多肽药物的修饰、重组蛋白质药物的上游工艺、抗体药物的研发等，服务形式主要有技术开发、技术服务、技术转让和检测服务。2018—2022年，平台为398家院外社会科研单位提供了4500多次测试服务，为190多家企业提供了1100多次测试服务，支撑所外单位/课题组发表论文213篇，*PNAS*及以上论文85篇，其中CNS高水平论文14篇，为各单位开展高质量科研工作提供了有力支撑。同时，生物物理所还围绕重大任务，开展新冠病毒研究等专题服务，利用冷冻电镜等高端仪器支持微生物所等单位开展相关科学研究，为我国重大科技任务的实施提供了重要支撑。

三、经验启示

科研仪器是科技创新的基本条件，也是重要的科技创新成果。党的二十大报告提出，“优化配置创新资源”。推动科研设施与仪器开放共享，是优化配置创新资源的题中应有之义。中国科学院生物物理所在探索科研仪器开放共享工作中形成有益借鉴。

1. 坚持“独有”变“共享”，推动科研设施与仪器开放共享的理念深入人心。推动科研设施与仪器开放共享是一项国家政策，也是优化配置创新资源的题中应有之义。提高科研设施与仪器共享使用质量和效率，最重要的是推动各创新主体在认识上的根本性转变，从注重“为我所有”到注重“为我所用”。生物物理所站在实现高水平科技自立自强的高度，一方面注重宣传教育和共享案例推广，推进思想观念从“要我共享”向“我要共享”转变；另一方面，以技术创新和工匠精神为导向，强化技术工程师自我价值认同。理念上的转变已经成为平台可持续发展的根本驱动力。

2. 坚持系统发展，把“科学问题、技术人才、仪器共享”一体化发展的思路想在前头。科研设施与仪器管理及共享平台建设是一个系统工程。首先要瞄准科学问题和实际需求购置仪器设备，其次确保仪器购置后有专业的技术工程师运行维护，最后再进行科研设施与仪器的开放共享。“科学问题、技术人才、仪器共享”三者缺一不可，同时还要构建有效的协同机制，形成工作合力，这是大型仪器共享平台建设能否取得实效的关键所在。

3. 坚持集约化管理，健全日常管理制度建设。提高科研设施与仪器管理和共享使用效率，健全、规范的管理制度是基础。平台根据生物领域科研设施与仪器特点并结合实际运行情况，制定了各项日常管理制度，涵盖科研设施与仪器统筹购置、技术服务质量控制与开放共享、仪器研制与技术创新、仪器维修维护和大型仪器调拨等全生命周期管理各个环节。此外，平台还通过信息化平台以合理的收费标准为抓手，积极探索建立灵活有效的共享服务模式，不断完善对外服务机制。

4. 坚持队伍建设，提升专业化服务能力和水平，鼓励技术创新。一方面，建立促进开放共享的激励引导机制、评价体系和奖惩办法，提高实验技术人员的积极性。根据实验技术人员特点单独设立职称评定标准，打通职业晋升渠道，同时通过薪酬、绩效激励，提高实验技术人员收入水平。另一方面，专业科研设施与仪器共享的不仅仅是设备，还有专业技术人员对检测结果的科学分析与判断，这才是共享的核心与关键。为提高专业技术人员的技术创新水平，生物物理所在专业技术支撑队伍内部设置技术服务岗和技术创新岗，同时设立“技术创新奖”等奖项，在保障科研人员技术服务需求的前提下鼓励专业技术创新。

思考题

1. 如何有效促进科研设施与仪器开放共享，提升科研设施与仪器开放共享质量，更好为科技创新和社会需求服务？

2. 目前，高校科研院所高水平实验技术队伍不足，科研设施与仪器服务潜能还需进一步挖掘。如何调动实验技术队伍工作积极性，提升实验技术队伍专业化服务能力？

协同创新　长三角加快打造科技创新共同体

——新型研发机构体制机制改革的生动实践

【引言】 2021 年 9 月，习近平总书记在中央人才工作会议上指出，加快建设世界重要人才中心和创新高地，集中国家优质资源重点支持建设一批国家实验室和新型研发机构，加快形成战略支点和雁阵格局。2023 年 4 月，习近平总书记在主持召开二十届中央全面深化改革委员会第一次会议时指出，要坚持系统观念，围绕“为谁创新、谁来创新、创新什么、如何创新”，从制度建设着眼，对技术创新决策、研发投入、科研组织、成果转化全链条整体部署，对政策、资金、项目、平台、人才等关键创新资源系统布局，一体推进科技创新、产业创新和体制机制创新，推动形成企业为主体、产学研用高效协同深度融合的创新体系。

【摘要】 强化企业科技创新主体地位，是深化科技体制改革、推动实现高水平科技自立自强的关键举措。2021 年，长三角国家技术创新中心（以下简称长三角国创中心）正式揭牌成立，促进长三角区域的创新链、产业链、资金链、人才链“四链”融合，形成了以政府支持、市场为导向的新型研发机构，在创新机构建设、人才引进激励和财政科研资金的使用上勇于创新。开展团队控股、混合所有制的研发载体建设；实施创新高水平人才团队引进和培育的项目经理制度；以“拨投结合”的方式支持引领性、颠覆性技术项目；建立以产业需求为导向的应用技术类项目支持机制；强化产教融合发展，与海内外高校联合培养产业基础人才，致力于打造长三角区域科技体制机制改革试验田。

【关键词】新型研发机构　协同创新　核心技术攻关

一、背景情况

2014 年 12 月，习近平总书记在江苏调研时强调，要强化科技同经济对接、创新成果同产业对接、创新项目同现实生产力对接、研发人员创新劳动同其利益收入对接，形成有利于出创新成果、有利于创新成果产业化的创新机制。以习近平总书记重要指示精神为根本遵循，2021 年 6 月，由科技部批准，上海市、江苏省、浙江省和安徽省共建的综合性国家技术创新中心——长三角国创中心正式揭牌成立。该中心以促进长三角区域创新链和产业链、创新要素和产业要素的深度融合为根本，作为新型研发机构，采取“一个团队、一套机制和一体化管理”的方式建设运行；着力于科学到技术转化的关键环节，按照“研发作为产业、技术作为商品”的理念，一体化征集产业链关键技术需求、一体化集聚全球创新资源、一体化组织关键技术联合攻关，构建集创新资源、产业需求和研发载体于一体，产学研用深度融合的产业技术创新体系，营造包括人才生态、金融生态、空间生态在内的产业创新生态。

二、主要做法

长三角国创中心坚持科技创新与制度创新“双轮驱动”，以科技创新驱动高质量发展为主线，以深化科技体制改革和健全科技创新治理体系为突破口，构建产学研用深度融合的区域技术创新体系，聚焦国家战略需求开展关键核心技术攻关，努力建设成为长三角区域产业高质量发展的核心引擎。

（一）构建产学研用深度融合的区域技术创新体系

1. 布局建设共性技术研发平台，补足跨越“死亡之谷”的技术研发和工程化能力。聚焦新一代信息技术、新材料、生物医药、装备制造、能源环保等重点领域，全球遴选技术领军人才及团队，在长三角区域统筹布局建设专业研究所、技术创新中心等共性技术研发平台，持续打造高水平产业技术研发和工程化能力。近年来，长三角国创中心累计建设研发载体 94 家，包括先进光电材料与器件、智能传感、数字医疗、氢能与燃料电池等与国家重大战略需求高度契合的专业研究所，以及结合地方优势，与长三角地方园区共建的太阳能光伏、船舶与海工装备、碳纤维及复材、光电技术、沿海可再生能源等领域的技术创新中心。各类研发载体累计投入超 250 亿元，研发人员超过 1.5 万人，累计转移转化技术成果 9000 多项，衍生孵化了 1500 多家科技型企业。

2. 梳理龙头企业关键技术需求，引导创新资源向企业集聚。与细分领域龙头企业共建企业联合创新中心，深度挖掘提炼企业关键技术难题，建立重大技术需求征集凝练网络和对接解决机制，为实施有组织的产业技术攻关奠定基础。长三角国创中心累计建立企业联创中心 362 家，挖掘技术需求 1700 余项，企业投入金额 66 亿元，达成技术研发项目 519 项，合同金额近 15 亿元。

3. 持续拓展创新资源网络，高效集聚配置全球创新资源。依托长三角国创中心品牌，发挥上海国际化优势特色，更大范围、更高效率、更高能级加速承接和集聚全球创新资源。先后与 83 家海外知名大学与机构、82 家国内高校院所建立战略合作关系，建设海外代表处（孵化器）7 家，推荐海外项目超 1000 项，促成国际研发合作（含人才培养）200 余项。探索开展“全球创新伙伴计划”，与 17 家外企合作建立全球创新伙伴关系，推动外资研发机构的技术和人才溢出以及研发本地化。持续深化与国际组织的交流合作。继续担任世界工业技术研发组织协会（WAITRO）秘书处工作，深度开展多边合作，拓展全球创新网络，架设发达国家与“一带一路”发展中国家的桥梁；承接国际智能制造联盟秘书处工作，吸引创新项目落地长三角。

（二）聚焦国家战略需求，加强关键核心技术攻关

1. 技术供给能力持续增强，有力支撑国家战略需求。通过战略研究梳理产业链薄弱环节，组织研发载体开展跨领域产业关键技术协同攻关，持续提升产业技术供给能力。例如，由长三角先进材料研究院领衔，联合上海高校团队，共同开展产业化技术攻关，建设国际领先的超级表面电子显微镜系统平台。

2. 组织产业引领重大技术创新和产品研发。围绕产业关键技术环节，引进高水平团队实施了一批填补国内空白的引领性技术创新项目，在第三代半导体关键材料与生产设备、高性能网络芯片、癌症靶向药、基因治疗等方向培育了一批高成长性科技型公司。引进来自业内顶级的半导体企业掌握核心技术的团队，成立了半导体公司，开展第三代半导体关键材料氮化镓的研发及制备，成功开发了 4 英寸和 6 英寸全波段氮化镓外延片并实现产业化，填补了我国该领域产业化的空白，打破国际垄断，完成相关产品的国产替代。

3. 聚焦产业链薄弱环节，凝练关键技术“揭榜挂帅”指南。“揭榜挂帅”关键在“榜”，“榜”由谁出、“榜”由谁定，是组织攻关的关键。长三角国创中心在征集龙头企业技术需求和组织产学研对接的基础上，围绕产业强链补链延链，试点匹配支持企业重大技术难题攻关，并引导地方共同设立企业科技攻关引导资金，支持企业技术需求研发，并预留了专项资金匹配企业资金组织“揭榜挂帅”。相关技术“榜”单，一是涉及产业生存权的“卡脖子”技术需求，如光刻胶用色浆研发；二是涉及产业发展权的行业引领性技术需求，如 AI 在产业领域的应用研究；三是对产业转型升级具有重要意义的重大技术需求，如大型风电用齿轮箱机器视觉检验机器人研发。2023 年，长三角国创中心进一步凝练形成了产业链上关键技术需求 100 项，企业意愿出资额超 11 亿元。

4. 探索多种模式，积极推动产业技术人才培养。探索设立校院所企联合培养机制。长三角国创中心以产业真需求为课题，以专业研究所和核心企业为合作平台，以高水平研究人员和企业高级工程师为合作导师，施行“双导师制”，设立奖学金，联合培养兼具理论知识和研发创新实操能力的创新型人才，带动校院所企之间的联合研发和成果转移转化。积极推动建立人才培养学院。与国内外知名高校合作开展“集萃研究生联合培养计划”，并选取合作基础最为坚实的机构设立人才培养的集萃学院，包括西浦集萃学院、中国矿大集萃学院、集萃集成电路学院、昆山集萃学院等，长三角国创中心通过产教融合联合培养的模式，截至2023年底已累计培养研究生5579人（次）。依托人才培养平台强化联合培养体系。2022年，长三角国创中心获教育部批准设立“国家卓越工程师创新研究院（上海）”，成为国家工程硕博士培养改革首批试点单位，与清华大学、复旦大学、中国科学院、南京工业大学集萃学院等联合招收工程博士。

（三）深耕科技体制改革试验田，健全科技创新治理体系

1.探索“团队控股、轻资产运行”模式，健全公共技术研发平台体系。长三角国创中心建立了由研发团队控股的研究所混合所有制，即研发团队、地方园区和长三角国创中心以现金实缴方式共同组建研究所运营公司，明确规定研发团队控股，研究所的资产（场所、设备）与研发启动经费由地方园区和长三角国创中心分别提供。该模式下，研究所的启动固定资产为国有产权，但其开发成果的所有权、处置权和收益权归属运营公司。通过团队控股，研究所干什么、怎么干由团队说了算，重点解决团队在科技成果转化中的决策权问题，最大限度地确保团队的积极性。

2.采用“拨投结合”模式支持引领性颠覆性技术项目实施，打通原创成果产业化链条。引领性颠覆性技术创新项目具有市场不成

熟、投资体量大、回报周期长等特点，针对这类项目面临的财政科研支持难以覆盖、市场融资失灵困境，长三角国创中心兼顾完善科技创新的容错机制、遵循高风险高回报的市场机制，创新财政资金使用方式，采用“拨投结合”模式支持重大创新项目研发实施，重点解决团队技术评价和早期项目融资市场失灵的问题。“拨投结合”基于对技术的评价和研判，先通过科技项目立项给予团队研发攻关资金支持，解决前期资金需求。在项目进展得到市场认可能够进行社会融资时，将前期的项目资金按市场价格转化为投资，参照市场化方式进行管理和退出，并对科技探索性强、创新风险性高的业务活动，实行勤勉尽责机制。截至2023年底，累计实施了70个项目，总投入9亿元，带动地方政府及市场各方投入11亿元，已有12个项目完成研发获得市场融资，其中氮化镓射频技术、碳化硅外延设

碳化硅外延设备项目

备、先天脊髓性肌萎缩症基因治疗、柔性定制辊压技术等项目估值超过10亿元。

3. 实施“项目经理制”吸引高水平科研团队创新创业，解决科技项目转化落地难问题。在产业技术前沿领域，长三角国创中心选聘技术开发能力、资源整合能力和重大项目组织能力强的领军人才担任项目经理，孵化培育成立研究所或创业公司。由项目经理牵头完成市场调研、整合创新资源、组建研发及管理团队，推动实施可填补国内空白的技术创新项目。长三角国创中心为项目经理组建服务团队，提供专业化的技术服务，帮助完善团队结构、明确核心团队成员、确定首批研发项目及预期结果等，同时在服务过程中，对项目经理团队进行综合评价。对于不同类型的项目经理，采取分类标准评估。对筹建专业研究所的项目经理，重点关注其技术先进性、市场前景、领军人才素质、团队精神，了解项目经理及其团队成员产业报国的情怀、格局及创业素养等；对实施重大项目的项目经理，评估时采取“小同行”评议，以了解团队在业界的影响力和创新实力。截至2023年底，长三角科创中心已累计聘用项目经理333名，其中两院院士19名，海外院士22名，海外项目经理近100名。

4. 改革关键核心技术攻关的组织模式与科研范式。将出资作为企业关键核心技术攻关的基本条件，以出资额衡量企业决心和技术需求的关键程度，按照“自上而下”“自下而上”相结合的机制形成技术指南。“自上而下”，即组织专家结合长三角重点产业开展战略研究，提出制约产业发展的关键问题、技术难题和目标用户，面向目标用户征求意见，以目标企业是否愿意出资和出资额度为标准确定技术的可行性和重要性，形成攻关指南。“自下而上”，即广泛征集企业愿意出资委外解决的技术真需求，结合技术先进性、行业重要性和企业出资额，组织专家评审形成攻关指南。指南面向全球招标，组织专家开展评审，遴选排名靠前的若干专业技术能力强且研发管理经验丰富的研发机构（人才团队）作为候选，由出资企业谈判确定中标研究机构和合同金额，签署市场化的委托开发合同。根据签署的合同金额，财政资金按比例配套支持技术攻关。

三、经验启示

创新体制机制，面向产业需求，探索优化科技资源配置、促进科技成果转化、实现科技与经济融合的有效模式，让更多科研成果更好更快地转化为现实生产力，是实现高水平科技自立自强，推动经济高质量发展的必然要求。

1. 必须坚持有为政府和有效市场结合。坚持有为政府和有效市场结合关键是准确把握政府与市场的关系，不断提升认识、尊重、利用市场规律的能力。对于市场机制健全的、市场能干的，政府应放给市场；对于市场机制不健全的，政府要去培育市场，在市场失灵的领域和环节补位。要尊重和强化企业的市场主体地位，发挥科技领军企业“出题人”“答题人”“阅卷人”的作用，把企业作为技术需求的提出主体、研发资金的投入主体和创新成果的应用主体。

2. 必须坚持深化科技体制机制改革。有效提高全要素生产率，推动各类创新要素优化组合是创新驱动发展阶段的主要任务，必须坚持科技创新与体制机制创新“双轮驱动”，坚持问题导向和需求导向，破除制约科技成果转化的制度性障碍。长三角国创中心按照“研发作产业、技术作商品”理念，加大面向市场的科技研发，提供最为短缺的商品——高水平的成果供给；聚焦从科学到技术层面的薄弱环节，在“高校不愿做、企业不敢做”的市场失灵处发力；构建市场选择研发课题的决策机制，改变“业主申请、专家评审”的项目决策机制，采用“企业出钱出题、政府补贴资金、研究院自主实施”的合同科研机制，充分调动了企业和研究机构的积极性。把科技人员的收益权落到实处，明确研发取得的成果收益权全部由各研究所处理，团队占比不受限制。在实际操作过程中，探索了“团队控股轻资产运营”“拨投结合”“产教融合”等全面创新改革新模式。

3. 必须结合市场需求大力培养实践型人才。实践型人才是企业创新的核心要素，但高校培养的人才与产业需求具有较大差距，毕业生往往需要重新学习和培训才能在企业承担相应工作。长三角国创中心通过与高校、企业建立多样化的联合培养方式，显著提升了高校学生的实践能力，更好适应了企业需求。长三角国创中心抓住了企业希望人才具备较强实践能力的需求，以及高等院校提升毕业生就业质量的需求，为人才构建了充分接触基础理论知识和企业操作实际的成长环境，同时发挥高等院校的教育优势和企业的实际操作环境优势，设计了“双导师制”“集萃学院”等培养实践型人才的有效机制，既提升了高校毕业生的实践能力，又为实践型人才的成长提供了优越的条件，人才的培养和转移同样也促进了产学研用的深度融合。

思考题

1. 如何有效促进“四链”融合？在科技体制机制改革方面还有哪些创新制度？

2. 科技体制机制改革支撑区域一体化发展过程中应把握哪些基本原则？

瞄准国家战略需求聚力攻关
加快构筑高质量发展新优势

——北京加强教育科技人才一体化协同发展

【引言】2022年10月16日，习近平总书记在党的二十大报告中指出："教育、科技、人才是全面建设社会主义现代化国家的基础性、战略性支撑。"2023年5月，习近平总书记向2023中关村论坛致贺信，并强调："北京要充分发挥教育、科技、人才优势，协同推进科技创新和制度创新，持续推进中关村先行先试改革，进一步加快世界领先科技园区建设，在前沿技术创新、高精尖产业发展方面奋力走在前列。"

【摘要】北京坚持推动基础前沿科学研究、应用基础研究和共性关键技术研发，注重发挥北京新型研发机构、北京高校创新中心等科研机构平台作用，坚持教育、科技、人才一体部署、一体推进，围绕国家战略需求和北京创新发展需要，加强顶层设计，构建高效、协同、开放的创新体系，协同推进科技创新与制度创新，优化创新资源配置，促进创新要素深度融合。目前，已形成了以坚定“一条路”、推动“双协同”、打造“三梯队”、围绕“四维度”、突出“五个抓”、畅通“六要素”为特色的新时代北京教育、科技、人才一体化协同发展路径。高水平科研人才和创新团队加快集聚，产教融合加速前沿技术人才成长，重要学科领域实现原创性突破，科技成果接续转化应用，为建设国际科技创新中心、提升国家创新体系整体效能、服务中国式现代化建设提供了有益探索。

【关键词】教育科技人才一体化　科技创新　制度创新

一、背景情况

随着科技发展，教育、科技、人才协同日益成为实现科技突破的重要方式。从国际看，当今世界正经历百年未有之大变局，科技创新正在进入大科学时代，科技发展呈现多源爆发、交汇叠加的“浪涌”现象，科研活动的复杂程度大幅提升，国家成为重大科技创新的组织者；从国内看，科技自立自强作为国家发展的战略支撑，比以往任何时候都更加需要统筹教育、科技、人才工作，找到科学技术解决方案，增强创新这个第一动力，用高水平科技创新满足国家战略需求。

北京有探索教育、科技、人才一体化协同发展的基础和条件，拥有 92 所高校、1000 多所科研院所，布局有高能同步辐射光源等 20 余个重大科技基础设施，全国近一半的两院院士、近 3 万家国家级高新技术企业、百余家独角兽企业汇聚于此，全社会研发投入强度保持在 6%左右，在全球主要创新城市中排名前列。北京充分发挥教育、科技、人才优势，坚持面向世界科技前沿、面向经济主战场、面向国家重大需求、面向人民生命健康，坚持首善标准，瞄准国际一流，加快打造世界主要科学中心和创新高地，率先建成国际科技创新中心，超前谋划科研新格局，探索教育、科技、人才一体化协同发展，为实现高水平科技自立自强和建设科技强国提供战略支撑。

二、主要做法

2021 年 9 月，习近平总书记在中央人才工作会议上指出，要集中国家优质资源重点支持建设一批国家实验室和新型研发机构。这充分彰显了新型研发机构在国家创新体系中的重要地位。北京以新型研发机构和高校创新中心为抓手，推动教育、科技、人才一体化协同发展，建立和拓展合作网络，实现科技突破，促进科技成果转化应用。

（一）坚定“一条路”，服务国家重大战略需求

北京将聚焦国家战略急需、推动科技和产业发展，作为服务国家重大发展战略的重要之路。联合中国科学院、清华大学、北京大学等共建单位，整合优势资源，坚持高起点定位、高水平谋划，在量子科学、人工智能、干细胞、脑科学与类脑、区块链等领域，按照“成熟一个、建设一个”的原则，前瞻布局了一批新型研发机构和高校创新中心。

当前，全球量子信息科技已进入深化发展、快速突破的历史阶段，出现重大产业革命的可能性加大，国际传统科技强国都在

积极整合各方面研究力量和资源，力争在量子信息技术大规模应用方面占据先机。面对国际科技竞争的制高点，如何跑出量子科技的北京“加速度”？北京量子信息科学研究院瞄准国家战略需求，探索实施“军令状”“里程碑考核”机制，瞄准国家和北京市在量子信息领域的战略需求，明确重大目标导向，并将关键任务分解；团队负责人制定科研组织方案，明确阶段性目标、关键节点和标志性成果；组建高水平工程师技术团队，解决传统高校科研小团队工程化实践力量不足短板，并给予科研团队经费匹配、人员配置等方面的有力保障，形成大团队快速推进任务攻关模式。通过聚力攻关，研究院已相继涌现新一代量子计算云平台 Quafu（夸父）、世界首创开放式架构双场量子密钥分发系统等一批国际领先的原创性科研成果。

如何破解高校“唯论文”的困局？科研不“唯论文”应该做什么？科研怎样才能避免“打包”“拼盘”？北京尝试给出答案，推动高校和北京微芯区块链与边缘计算研究院强强联合，成立未来区块链与隐私计算北京高校创新中心。中心以实现区块链研究“走在理论最前沿、占据创新制高点、取得产业新优势”为目标，围绕“长安链”建设，打破“小科研队伍、小实验平台、小实验设备、小实验环境”科研方式，做“大线出题、小线开题、高校答题、产线考核”的科研，深化产学研融合、上下游衔接、科技与产业协同，有效支持“长安链”系统迭代升级，服务北京建设全球数字经济标杆城市和高质量建成全国数字经济发展战略高地。

（二）推动“双协同”，激发科技创新澎湃活力

近些年，北京在科技创新、制度创新“双协同”上持续发力，

出台了《北京市支持建设世界一流新型研发机构实施办法（试行）》等政策文件，为创新科研体制机制、释放科研活力等提供了制度保障。

围绕科技管理做“减法”，为科研攻关松绑，探索形成新型研发机构建设“北京实践”。北京聚焦放权改革，创新科研管理机制，率先在量子信息、生命科学、人工智能、纳米能源、应用数学等关键领域，布局建设了高水平新型研发机构。北京新型研发机构实行理事会领导下的院所长负责制，赋予院所长充分的技术路线决定权、经费支配权和资源调动权；实施财政经费连续稳定支持和负面清单管理，最大限度减轻科研人员项目申报负担。例如，北京智源人工智能研究院作为北京市支持建设的新型研发机构，享有确定研究课题、选聘科研团队、安排科研经费等自主权，通过实施“智源学者计划”，在自然语言处理、机器学习等重点领域，聚集了百余位一流学者。2020 年 5 月 OpenAI 公司发布 GPT-3 后，研究院快速组织来自 10 余个单位的跨机构、大协同的超百人大项目团队，聚力攻关 11 个月，发布了当时全球最大的超大规模智能模型“悟道 2.0”。

随着科研创新进入复杂系统时代，基础研究、应用研究及技术产业化应用呈现相互作用、交叉融合的态势，对此要如何适应？北京高校创新中心的建设，采取了“政府主导、高校支撑、多主体参与、实体运行”的建设运行模式，在加强“从 0 到 1”基础研究的同时，努力从“1”做到“5、6”甚至到“10”。通过倒推项目产业化实施路径及产业化所解决的问题、面临的挑战，加强高校、企业和新型研发机构协同，加快从基础研究、创新突破、转化应用到服务发展的一体化创新，突破关键核心技术，汇聚和培养高层次创新人才，实现创新链、产业链、人才链深度融合，促进创新链上下游贯通发展。同时，打破传统科研项目考核模式，践行“任务目标不减，过程灵活优化”的原则，从“盯报表”“盯流程”向“盯里程碑成果”转变。

（三）打造“三梯队”，汇聚国际顶尖创新力量

创新之道，唯在得人。北京着力提升创新人才吸引力，出台《北京市引进人才管理办法（试行）》等政策文件，以才引才、平台留才、事业聚才，面向全球引进战略科学家、科技领军人才和青年科技人才，打造高水平科研人才队伍，形成衔接有序、结构合理的创新人才“三梯队”。

“帅才”领军，战略科学家定方向。作为国家战略人才力量的“关键少数”，战略科学家在大科学时代中的重要性日益凸显。北京高度重视战略科学家，最大限度支持、激励他们发挥科学素养深厚、视野开阔，前瞻性判断力、跨学科理解能力和组织领导能力强的优势，前瞻布局重点研究领域方向，精准推动关键研究取得突破。一批战略科学家领衔建设北京生命科学研究所、北京雁栖湖应用数学研究院等新型研发机构，组织高水平科研团队勇攀高峰，取得了一批有国际影响力的重大科研成果。

“将才”有为，科技领军人才挺脊梁。科技领军人才是科技革命和产业变革的中坚力量，是“雁阵”中的核心骨干。北京新型研发机构坚持“开放、流动、竞争”的人才引育理念，切实落实科技领军人才引进“一人一策”，在经费匹配、科研平台支撑、科研和工程人员配置等方面给予有力保障，让科技领军人才充分释放创新活力。目前，北京新型研发机构、北京高校创新中心面向全球引进

了来自国际顶尖科研机构、科技企业的多位科技领军人才。

“干才”笃行，青年科技人才筑基石。青年科技人才是国家战略人才力量的源头活水。北京新型研发机构和北京高校创新中心不断激发青年科技人才荣誉感、归属感和责任感，支持他们“挑大梁、担重任”。例如，北京脑科学与类脑研究所45岁及以下科研人员承担纵向课题数量占比约81%，承担科研任务经费占比约80%。北京通用人工智能研究院积极联合北京大学、清华大学等高校，充分把握人工智能“对内融合、对外交叉”学科特点，强化从教育教学到科研实践的一体化培养，发布《通用人工智能人才培养体系》白皮书，创建通用人工智能实验班和通用人工智能因材施教计划，靶向培养复合型青年人才。

（四）围绕“四维度”，培养关键领域紧缺人才

人才培养犹如自流井，汩汩流动才能润泽大地，才能获得自我“造血”功能。北京加强科技创新后备人才培养，推动新型研发机构、高校创新中心以“有理想信念、有理论功底、有创新能力、有实践经验”的“四有”为标准，培养心系祖国的青年学子。面向产业链、创新链探索开展科教融汇、产教融合，把学生培养环节推进到产业一线；将理想信念教育融入工程推进过程，推动科研训练与创新实践相融合，持续擦亮爱党报国底色，涵育敬业奉献底蕴；在国家急需的战略领域加快培养具有学科交叉背景、国际视野和家国情怀的高素质创新型、交叉复合型工科人才，激发人才成长内生动力。

“纸上得来终觉浅，绝知此事要躬行。”优秀学术人才和卓越工程技术人才，总是在产业一线的摸爬滚打中成长。未来区块链与隐

私计算北京高校创新中心在专业课程、实习实践等学生培养全过程中做好爱党爱国教育，引导学生立鸿鹄志、做奋斗者，树牢强国有我的远大志向。同时，夯实学生基础理论功底，激励科研技术创新，“把汗水挥洒在产业一线，把论文书写在京华大地”，淬炼一线实践能力。中心规划了融合基础理论与前沿交叉科学问题、涵盖多知识领域广度与细分研究方向深度的常态化课程讨论机制，着力培养掌握坚实基础理论、具有系统思维和交叉融通能力、解决关键技术问题的优秀学术人才，以及具备直接服务产业一线、解决复杂工程技术问题能力的卓越工程技术人才。实行学术导师和技术专家“双导师”制，双方共同商定人才培养目标、建立定制化培养方案、实施“一人一案”个性化培养，在理论和实践中激发学生科研创新内生动力。

坚持出成果、出人才、出机制，加快优秀科研人才培养。北京生命科学研究所着力“破四唯”“立新标”，不拘一格选人育人，从 2003 年底首个实验室入驻至今，研究所培养了大批优秀研究生，多位科研人员荣获未来科学大奖、巴鲁克·布隆伯格奖、威廉·科利奖等多项国际国内科学大奖，并走出了 3 位中国科学院院士。在选才上，研究所坚持唯才是举，注重发掘候选人科研潜力，论文、职称、奖项等并非决定性因素，最年轻的实验室主任不满 30 岁。在考核评估方面，研究所对科研人员摒弃短期、硬性、定量的考核方式，不设论文硬指标，以 5 年为周期邀请国际同行参与评议，决定是否进入下一个聘期，重点评价研究方向、科研选题和水平、科研成果国际影响力等，积极营造敢于勇闯“无人区”的科研环境。

（五）突出“五个抓”，推动世界级成果竞相涌现

当前科技创新在广度、深度、速度、精度上都呈加速跃升趋势，迫切需要新时代的科技创新制度安排和组织方式。北京新型研发机构坚持集智攻关、协同突破，突出科技攻关“抓重大、抓尖端、抓基本”，围绕战略科研任务，着力建设一批科研基础设施；突出“抓系统布局、抓跨界集成”，把各方面力量拧成一股绳，突破传统科研院所小团队、点上研发、条块分割的科研模式，支持跨学科、跨领域深度协同攻关，涌现出一批世界级科研成果，为北京开辟新领域新赛道蓄势赋能。

北京脑科学与类脑研究所研发的全球领先的透明化包埋技术，使神经元的走向变得可视化。这项技术的研发，离不开研究所配套齐全、功能完善的神经科学技术辅助平台支持：载体中心提供荧光标记病毒，动物中心提供实验动物，光学影像中心获取、整合图像形成神经网络的三维立体结构，计算与数据科学中心对海量的大数据进行存储、预处理及分析。基于已搭建的技术辅助平台，研究所构建起了高质量的科研支持服务体系，有效提升科研效率，在AAV载体和溶瘤病毒的基因治疗技术、高速光学成像技术、新型柔性电极阵列等方面，形成了一批原创性科研成果。

变“跟跑”为“领跑”，北京科研人才开创了学科“新赛道”，在基础科研领域发出“中国声音”。北京纳米能源与系统研究所坚持“从0到1”的原创性研究，发展了基于纳米能源的全新科研体系，建立了压电电子学、压电光电子学与摩擦电子学等3个学科，首先发现了压电电子学效应、压电光电子学效应等6个全新的物理效应。目前，全球多个国家和地区的科研机构以此建立研究单

元，跟随该研究所开展相关研究。

（六）畅通“六要素”，加快科技成果转化落地

推进教育、科技、人才一体化协同发展，需要系统性、整体性思维的统领，开展建制化、成体系研究。北京新型研发机构和北京高校创新中心在建设中瞄准科技前沿、在研究中锁定产业应用重大需求，以产业为指引、以教育为支撑、以科研为突破、以应用为导向、以金融为助推，贯通“政、产、学、研、用、金”等“六要素”，推动产业应用中“从 1 到 0”的基本原理研究，探索科技成果转化新路径。

“前店后厂”的全新科研组织模式，打通了成果转化全链条。未来区块链与隐私计算北京高校创新中心坚持产业应用导向，瞄准“长安链”承担国家重大领域数字基础设施建设和支撑北京超大规模城市区块链创新应用所面临的关键问题，开展“命题科研”，布局 5 个相互支撑与协同的研究方向，确定为期 5 年的里程碑年度指标，引入“长安链”系统管理体系及质量控制标准。各团队则围绕里程碑节点开展目标拆解，实施“周简报、月总结、季考核”的任务进展闭环管理，对标里程碑指标“交钥匙”。

有了指挥棒，干事有方向。“前店”完成“长安链”底层核心技术开发、成果转化，“后厂”则攻关前沿基础研究及关键技术，技术与场景实现双向驱动、螺旋上升。中心成立以来，围绕“长安链”底层技术平台，共产出自主可控大规模对等网络通信技术“若水”、全球最大的区块链开源存储引擎“泓”等 50 余项软硬件实质性前沿科技成果，累计代码量超 59 万行，发明专利 30 项。目前，“长安链”正在支撑经济、民生和社会治理关键行业、重大领域的

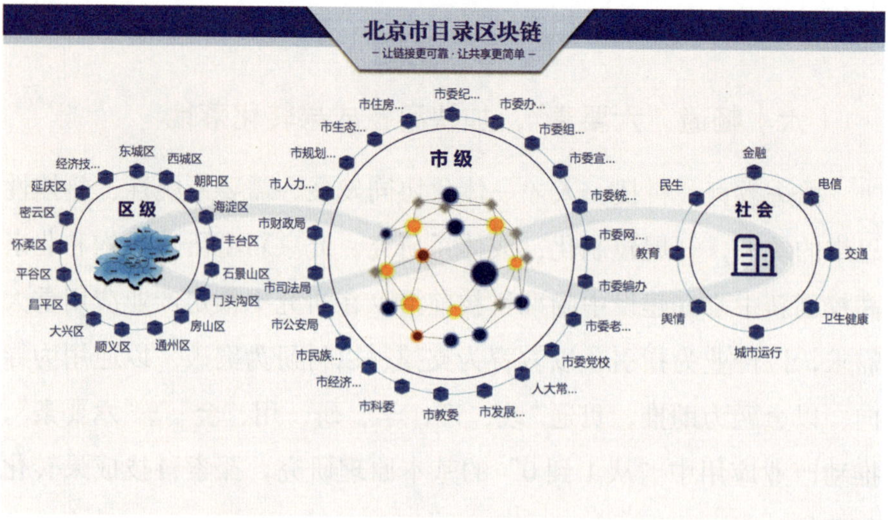

“长安链”支撑北京市目录链 2.0 系统

场景创新应用。其中，北京建设的超大城市政务目录链 2.0 系统，80 余个部门、16 区和经济技术开发区，以及交通、金融等领域 10 余家社会机构的数据目录已全部上“链”，支撑跨部门、跨层级、跨领域、跨主体的数据安全共享 1 万余类次、数百亿条，有力保障数据安全有序流通。

从科研到临床试验，再到成果转化，科学研究做得扎实，这个链条就水到渠成。北京生命科学研究所依托其产出的顶级科研成果开展转化，孵化出的 7 家生物医药企业均已达到独角兽水平。研究所基于细胞凋亡和细胞坏死信号通路机制研究，研发阿尔兹海默症等衰老相关退行性疾病的治疗药物，孵化的企业在 2022 年 B 轮融资两亿美元，创下了当年中国生物科技企业单笔融资纪录，这代表了研究所在科技前沿领域攻关的深厚积淀。

三、经验启示

教育、科技、人才是全面建设社会主义现代化国家的基础性、战略性支撑。北京新型研发机构、北京高校创新中心联合高校和科研院所，突破核心关键技术，汇聚和培养高层次创新人才，实现了创新链、产业链、人才链的深度融合。

1. 坚持党的领导，发挥新型举国体制优势。北京探索教育、科技、人才一体化协同发展，把集中力量办大事的政治优势和发挥市场机制有效配置资源的基础性作用结合起来，既发挥政府统筹协调、协同联动的作用，又注重运用市场化方式盘活资源，形成推进自主创新的强大合力，为社会主义市场经济条件下开展国家重大科技项目提供新路径。

2. 坚持服务国家战略，做有价值科研。聚焦国家重大战略需求和北京经济社会发展需要，把过去“想干什么能干什么就干什么”，转变成“国家需要干什么就干什么”，将研究项目的设立、科研任务的凝练遴选、研究团队的构建、科技资源的配置等各环节与国家战略、经济社会发展紧密相连，积极主动承担国家重大任务，解决重大科学难题，突破核心关键技术，汇聚和培养高层次创新人才，支撑经济社会高质量发展，加快推进北京国际科技创新中心建设。

3. 深化科技体制改革，实现教育、科技、人才有机结合。教育、科技、人才是有机联系的整体，坚持教育发展、科技创新、人才培养一体统筹推进，形成良性循环，才能更好服务于北京国际科技创新中心建设。北京需要在科技体制改革上走在全国前列，以问题为导向，以需求为牵引，在实践载体、制度安排、政策保障、环境营造上下功夫，破除制约科技创新的思想障碍和制度藩篱，提升创新体系整体效能。

4. 聚焦融合创新，实施大任务协同攻关。现代科技的知识版图非常庞大、专业分工非常精细，一项科技创新成果可能涉及不同学科，因此，推动科技创新不能单打独斗、单兵突进，而要越来越注重用好“协同”的方法论智慧。要推动创新链、人才链和产业链融合，加快促进科研成果向中下游扩展和延伸、优秀人才共同培养及双向流动，实现科研与产业无缝对接，才能解决制约产业发展的关键共性以及前沿核心技术的原理性、机理性问题。

思考题

1. 在推进教育、科技、人才协同发展过程中，可以通过哪些具体措施激发科研人员的创新活力？

2. 教育、科技、人才协同发展如何有效推动科研成果转化应用？

3. 请结合自身实际，谈谈如何将教育、科技、人才优势转化为高质量发展动能。

田间治学　让好技术富群众

——河南实施科技特派员“五个一”工程助力乡村振兴

【引言】2019年10月，习近平总书记在科技特派员制度实施20周年之际作出重要指示指出，科技特派员制度推行20年来，坚持人才下沉、科技下乡、服务“三农”，队伍不断壮大，成为党的“三农”政策的宣传队、农业科技的传播者、科技创新创业的领头羊、乡村脱贫致富的带头人，使广大农民有了更多获得感、幸福感。他强调，要坚持把科技特派员制度作为科技创新人才服务乡村振兴的重要工作进一步抓实抓好，广大科技特派员要秉持初心，在科技助力脱贫攻坚和乡村振兴中不断作出新的更大的贡献。2021年3月，习近平总书记在福建考察时强调，要深入推进科技特派员制度，让广大科技特派员把论文写在田野大地上。

【摘要】为确保脱贫基础更加稳固、成效更可持续，全面推进乡村振兴，河南省以深入推行科技特派员制度为抓手，有机整合项目、人才、平台、服务等各类科技创新资源，不断优化完善政策措施，扎实深入实施“一个服务团、一个服务队、一个科技专项、一个科普基地、一个工作站”的“五个一”工程，即围绕产业链布局人才链，选派一个服务团，全链条服务产业创新发展；围绕解决农业科技推广“最后一公里”问题，组建一个服务队，“保姆式”解决基层科技需求；围绕形成“一县一业”发展格局，实施一个科技专项，解决制约产业发展技术难题；围绕实现一人带一帮、一业富一方，建设一个科普基地，搭建基层人才培养平台；按照“引队入站，三级联动，党建引领，科技支撑”原则，成立一个工作站，构筑科技特派员服务之家。

在田间地头奔走忙碌，甘当农业创新“护航者”。从乡镇试点走向省域全覆盖，从个人科技特派员向团队、法人科技特派员拓展，从服务农业延伸至支持发展农村二、三产业，推动农民收入持续较快增长。2021 年以来，河南省累计选派科技特派员 1 万余人，科技帮扶经费投入 2.86 亿元，开展技术服务 13 万余次，培训群众 163 万余人次，推广新品种、新技术等 6000 余项，培育壮大了兰考蜜瓜、卢氏食用菌、宁陵酥梨等 61 个地方特色产业，助力河南乡村振兴跑出“加速度”。

【关键词】科技特派员　“五个一”工程　乡村振兴

一、背景情况

河南是全国农业大省、农村人口大省，用全国 1/16 的耕地，生产了全国 1/10 的粮食、1/4 的小麦，拥有农村常住人口 4239 万人，占比 43%。

2007 年，河南省启动科技特派员工作。信阳市平桥区被列为全国实施科技特派员制度试点地区，选派了第一批 60 名科技特派员。为进一步解决基层科技力量不足、科技服务缺位等农民反映突出的问题，在总结试点经验基础上，2009 年，河南省委组织部、省科技厅、省财政厅等 10 部门联合出台《关于实施科技特派员行动计划的意见》，河南省科技特派员工作全面启动实施。

2018 年，脱贫进入聚力攻坚阶段，河南省把科技特派员工作重心转移到脱贫攻坚上来，多部门联合启动实施省科技特派员助力脱贫攻坚“十百千”工程。按照“产业组团、县级组队、服务到点、统筹调度”的组织形式，省、市、县三级联动，形成了“团、队、员”一体化、贫困县全覆盖的帮扶新模式，为河南省全面打赢脱贫攻坚战作出了重要贡献。

河南省科技特派员在田间指导金银花春季管理

“十四五”时期是实现农村全面小康后向全面实施乡村振兴战略的关键期。2021 年脱贫攻坚工作取得全面胜利后，为充分解决全产业链创新发展、技术难题攻关、基层人才培养、科技特派员联络机构建设等问题，河南省在全面总结前期工作经验基础上，组织推动“五个一”工程，着力在做大做强科技特派员队伍、做优服务载体、创新服务形式、完善工作激励机制等方面下硬功夫、真功夫，全力打造具有河南特色的科技特派员制度升级版。

二、主要做法

从福建南平的“星星之火”到全国推广的“创新之花”，20 多年来，我国科技特派员制度取得丰硕成果。河南省把科技特派员制度作为推进乡村振兴的有力抓手，让“好技术”与“富群众”有机结合，这些活跃在一线的“科特派”们与农民建立“风险共担、利益共享”的共同体，推动农村创新创业深入开展，形成新时代扎实推进科技特派员工作的生动实践。

（一）选派一个服务团，全链条服务产业创新发展

为积极顺应农业供给侧结构性改革和农村一二三产业融合发展趋势，加强对产业全局的谋篇布局、解决全产业链条问题，河南省推动科技特派员选派从农业领域向全产业领域拓展。同时，考虑到单个科技特派员往往只能解决单个产业环节问题，河南省围绕产业链布局人才链，推动组建由行业领衔专家和县领导为团长，涵盖生产、加工、检测、销售、流通等全产业链环节的省产业科技特派员

服务团，每团 10 人左右，每团每年省财政提供工作经费 20 万元，重点围绕 61 个重点县（以脱贫县为主）至少一个主导或特色产业做大做强。同时，鼓励各县（市）结合实际组建本级服务团，作为省服务团有效补充。

针对兰考县沙壤土耕地特点，精准选派省蜜瓜服务团，培育出“兰蜜 30”等蜜瓜新品种，集成了一年“三种三收、两瓜一菜”的大棚栽培模式，制定了兰考蜜瓜地方标准，并积极协调销售公司、农超等进行销售，通过全链条服务，助力兰考县蜜瓜成功获批为地理标志产品，种植面积达 3 万余亩，年产值近 6 亿元，带动近 2000 户农民增收致富。

河南省蜜瓜产业科技特派员服务团指导蜜瓜水肥技术要点

（二）组建一个服务队，“保姆式”解决基层一线科技需求

随着省市县三级科技特派员数量的逐渐增多，为进一步加强力量统筹，河南省继续推进以县领导为队长的县科技特派员服务队。服务队通过整合派往本地的省市县三级个人科技特派员，从全县产业发展视角统筹调度，把“散兵作战”转为“联合作战”，有效提高了科技服务的及时性、针对性、全面性。

济源示范区整合省市县 147 名科技特派员组建成一个县级服务队，并根据各乡镇烟草、畜牧、特色作物、园艺、蔬菜制种等特色产业需求，分设 11 个镇级科技特派员服务队，实现了全市 5 个特色产业、11 个乡镇、59 个脱贫村科技服务全覆盖。2021 年以来，累计开展科技服务 3200 余次，指导服务群众 2.8 万余人次，解决了一线科技需求 556 个。

（三）实施一个科技专项，破解县域产业发展技术难题

项目是集聚创新资源、解决技术难题的有效载体。针对科技特派员在田间地头发现的产业发展技术瓶颈问题，当地政府关心、百姓关注、急需解决的主导产业重大科技创新需求，河南省启动县（市）创新引导计划项目，支持科技特派员与受援县开展针对性科研攻关，并充分发挥“政产学研用”作用，示范推广新成果，助推县域产业提档升级。

围绕洛宁苹果、孟津草莓等特色主导产业关键技术需求立项，推动先进品种、技术、装备等科技成果示范推广。助力洛宁苹果产业转型升级，年产值突破 20 亿元。助力孟津草莓产业实现品种及种植技术双提升，每年提前 1—2 个月抢“鲜”上市。催生培育睢

河南省食用菌产业科技特派员服务团指导食用菌生产

县油用牡丹、长垣彩色油菜等县域产业从无到有，助力淮滨弱筋小麦、封丘金银花等从有到优，推动柘城辣椒、灵宝苹果等从优到强，为县域创新发展和主导产业高质量发展按下了"快进键"。

（四）建设一个科普基地，搭建基层人才培养平台

科技特派员走了以后，技术问题谁解决？授人以鱼不如授人以渔。为培养更多"永远不走的科技特派员"，河南省通过支持各县建设科普基地，每年每个基地给予 10 万元工作经费，依托科普基地建设新型职业农民实训基地和田间教室，常态化开展精准、急需专业技术培训，既加快了农业农村科技人才培养，也丰富了科技特派员队伍，让越来越多"永远不走的科技特派员"活跃在中原大地上。

鲁山县辛集乡党总支书记张平洋在科普基地系统性葡萄技术培训指导下，不仅被培养选派为科技特派员，研究制定出一套适应本地的葡萄标准化种植、数字化管理、优质高效栽培实用技术，还创立了“华豫仙缘”葡萄品牌。他时常带着一块小黑板走村串户，看见有需求的果农，小黑板一支就开讲，带动辛集乡 28 个行政村、3500 多户村民发展葡萄种植 1.5 万余亩，葡萄亩产值由 2000 元提高到 1.5 万元，辐射带动全县葡萄种植面积达 2.1 万亩，年销售额 2.5 亿元，成为“一人带一帮、一业富一方”的典型代表。

（五）成立一个工作站，构筑科技特派员服务之家

为进一步畅通群众、科技特派员、政府间的沟通渠道，精准对接群众技术难题，河南省按照“引队入站，三级联动，党建引领，科技支撑”原则，指导全省 107 个县每县成立 1 个科技特派员工作站，悬挂科技特派员服务队成员信息公示牌和产业科技特派员服务团成员信息公示牌，服务队（团）全员入站并成立临时党支部，探索创新科技服务新模式、新路径、新领域，常态化收集基层技术需求，建立服务台账制度，实时了解受援对象满意度，推动实现了科技与“三农”的“零距离”对接，进一步提高了科技“慧农”、惠农质效。

宁陵县科技特派员工作站创新采用“日周月季年”工作模式，即“每日一答”，群众技术问题当天线上指导答疑；“每周一清”，群众技术需求当周对接清账；“每月一报”，每月通报技术服务情况；“每季一会”，每季度召开科技特派员总结交流会；“每年一调”，每年对各个脱贫村开展一次产业发展及需求调研。在工作站的服务推动下，宁陵县科技特派员工作不断走深走实，对宁陵县转变生产

经营方式、丰富产业结构、拓宽农民增收致富渠道发挥了积极作用，广受群众好评。

三、经验启示

河南省坚持把科技特派员制度作为实施乡村振兴战略的具体举措，持续发力、不断总结探索，形成了以科技项目为支撑、科普基地为载体、科技特派员工作站为纽带、服务团全链贯通、服务队联合作战的科技特派员“五个一”工程，走出了一条可学习、可推广的乡村振兴之路。

1. 坚持改革创新，让科技特派员制度永葆生命力。面对新形势新挑战新要求，要坚持目标导向和问题导向有机结合，在发现问题、解决问题中不断总结经验、深化认识，瞄准基层实际需求、突出农村创新创业，持续迭代完善科技特派员队伍建设、投入保障、使用管理、考核激励、宣传教育等机制，加强各类政策的协同性、系统性、延续性，打好政策组合拳，不断提高选派和服务保障的精准度、灵活性、覆盖面，切实营造让优秀科技人才肯下去、想干事、留得住、出成绩、成事业的良好环境，不断激活“三农”发展新动能。

2. 强化组织领导，形成协同联动生动局面。着力发挥省级科技特派员工作领导小组作用，加强顶层设计、统筹协调和政策配套，各市及有关县（市）建立本级科技特派员组织领导机制，构建“全省一盘棋、市级抓统筹、县级负主责”纵向到底、横向到边的组织管理架构，形成组织部门牵头抓总、乡村振兴部门协调推进、科技部门精准选派、财政部门保障资金、人社部门评价激励，各方协同、上下联动、齐抓共管的强大工作合力。

3. 完善服务体系建设，增强叠加效应。坚持政府引导和市场发力相结合，充分发挥科技特派员的桥梁纽带作用，积极推动科技特派员个体服务与服务体系建设相结合，构建以涉农高校院所为创新源头，以科技特派员工作站、星创天地、农业科技园区、科普基地、科技企业孵化器、众创空间等为平台载体，以新型农业经营主体为基点的农业科技社会化服务体系，不断完善“科研院校＋示范基地＋农技推广体系＋新型经营主体”的成果转化模式，充分调动各方积极性、主动性、创造性，形成各环节同频共振、相互促进、聚力发展的良好局面。

4. 注重因地制宜，推动产业高质量发展。紧密结合河南省情实际，围绕不同县（市）的环境、条件、社会经济发展需要、主导产业发展需求和当地农民脱贫致富过程中最迫切、最急需解决的问题，靶向选派、精准对接，开发、引进、推广先进适用技术，探索不同科技服务的途径和方式，制定适合自身特点的政策措施，发展地方主导和特色优势产业经济，培育打造地方特色品牌，探索出一条推进区域特色产业创新发展的有效路径。

思考题

1. 请结合案例学习和工作实际，谈谈如何进一步发挥科技特派员在全面推进乡村振兴、加快建设农业强国中的作用。

2. 结合个人工作实际，谈谈河南省科技特派员工作对本领域工作有哪些启发。

破解“转化难” 打通产学研创新链

——陕西以“三项改革”推动科技成果转化和产业化

【引言】2022 年 10 月 16 日，习近平总书记在党的二十大报告中指出，“提高科技成果转化和产业化水平”。习近平总书记多次强调，推动创新链产业链资金链人才链深度融合，加快科技成果产业化进程；实施创新驱动发展战略，最紧迫的是要破除体制机制障碍，最大限度解放和激发科技作为第一生产力所蕴藏的巨大潜能。2023 年 5 月，习近平总书记在听取陕西省委和省政府工作汇报时强调，强化企业科技创新的主体地位，推动创新链产业链资金链人才链深度融合，加快科技成果产业化进程。

【摘要】中国式现代化关键在科技现代化。提高科技成果转化水平，科技创新才能释放强大发展动能。陕西科教资源富集，科技成果丰硕。为推动科技和经济紧密结合，创新成果和产业发展紧密对接，促进科技、金融、产业、人才有机结合，2021 年 3 月，陕西省启动建设秦创原创新驱动平台，深化全面创新改革试验。2022年3月，在西北工业大学等单位试点的基础上，出台《陕西省深化全面创新改革试验　推广科技成果转化“三项改革”试点经验实施方案》，在全省75家高校院所推广实施。通过实施职务科技成果单列管理、技术转移人才评价和职称评定、横向科研项目结余经费出资科技成果转化“三项改革”，极大地激发了科技人员参与科技成果转化的积极性，激活了陕西省强化创新驱动的资源和潜能。截至2023年6月，陕西省高校院所53205项职务科技成果实现单列管理，12973项科技成果实施转化，317人凭借成果转化贡献晋升职称，高校院所科研人员领办创办科技企业851家，科技创新驱动高质量发展迈出了坚实步伐。典型经验做法被国务院第九次大督查通报表扬。

【关键词】创新驱动发展　科技体制改革　科技成果转化

一、背景情况

科技成果转化，是科学技术转变成现实生产力的重要途径。科技成果只有走出实验室、走向生产线，才能真正实现创新价值。

陕西科教资源富集——百余所高校、1800多家科研机构、上百万名专业技术人才，然而丰厚的科研成果却转化难。从供给端看，高校院所科技成果总量逐年增加，但与市场需求结合不够紧密。从需求端看，一些企业科技成果研发与吸纳能力不强，一些科技攻关创新产品国产替代推广应用较慢。从转化链条看，科技成果转化涉及科技、财政等多部门多领域，相关主体对职务科技

秦创原立体联动孵化器总基地

成果转化的资产属性、保值增值等看法不一，“不敢转”等顾虑尚未根本消除。

习近平总书记在陕西考察时强调，要围绕产业链部署创新链、围绕创新链布局产业链，推动经济高质量发展迈出更大步伐。习近平总书记的重要指示，为陕西加快科技成果产业化指明了方向。陕西省把机制改革作为关键一招，瞄准科技成果转化的“堵点”，启动建设秦创原创新驱动平台。2022 年 3 月陕西省科技厅、发展改革委、教育厅、财政厅、人力资源社会保障厅、审计厅 6 部门联合制定《陕西省深化全面创新改革试验　推广科技成果转化“三项改革”试点经验实施方案》（以下简称“三项改革”方案），大力推广实施职务科技成果单列管理、技术转移人才评价和职称评定、横向科研项目结余经费出资科技成果转化“三项改革”，破解了“不敢转”“不愿转”“缺钱转”的难题，推动更多科技成果转变为现实生产力。“三项改革”以市场化为导向，着力破解科技成果转化中的体制机制障碍，激发了人才创新活力，释放了创新资源潜能，促进了创新链产业链人才链资金链的深度融合，探索出了一条创新驱动高质量发展的新路径。

二、主要做法

“三项改革”是激活创新创业活力、缩短科技成果物化周期、破解科技成果转化“最后一公里”难题的关键举措。通过不断破除制度藩篱，用改革“点火器”破障碍、闯难关、蹚新路，陕西科技创新“关键变量”正成为高质量发展“最大增量”。

（一）破解“不敢转”：对职务科技成果采用区别于一般国有资产的管理方式

为创新“撑腰”，让科研人员大胆转化。根据现行规定，利用财政资金形式的职务科技成果属于国有资产，在其转化前绕不开定价环节，科技成果作价投资形成股权中由高校持有的部分也属于国有资产，国资管理部门对国有资产保值增值有强制要求，一旦成果定价低或转化失败，就可能触及国有资产流失的“红线”，导致部分高校教师和相关决策人员不敢转。

“三项改革”方案提出，对职务科技成果采用区别于一般国有资产的管理体系，以作价入股等方式转化职务科技成果形成国有资产的减值及破产清算，区别于现行国有资产形成的股权，不纳入国有资产保值增值管理考核范围。同时，完善相关配套制度，建立健全高校领导和职能部门尽职免责、监管等制度机制，在成果转化不会造成违法违纪违规以及资产损失风险的同时保障高校合理权益。

例如，某青年教师团队的职务科技成果单列、不再作为国有资产管理，并依托秦创原创新驱动平台孵化。厂房租金减免、专人引导项目申报、科技经纪人牵线搭桥对接市场……在一系列政策扶助下，该团队注册成立了科技公司，依托团队科研成果建设的国内首条覆盖常温、超低温、超高温薄膜温度敏感芯片自动化生产线正式投产，打破了国外对该类产品近 30 年的垄断。2022 年，全省高校技术合同成交额增长至 69.27 亿元，近两年年均增长 33.4%；中国高校专利转让排行榜中，陕西省有 8 所高校上榜，专利转让总数 5218 件。

截至 2023 年底，全省已有 63 家高校院所出台或正在制定落实职务科技成果单列管理文件。西北工业大学、西北大学、西安理工大学、陕西省科学院等高校院所，制定了实施细则和办法流程，推动改革举措落地见效。

（二）破解“不想转”：科技成果转化贡献可以作为职称评审的重要指标

为创新“鼓劲”，让科研人员“名利双收”。在现行的职称评价体系中，高校职称评审更注重通过论文、项目、奖项等方面的权重，科技成果成功转化后产生的社会贡献和经济价值未被充分体现，同时，高校科技成果转化服务人员也缺少相应的职称晋升通道，创新积极性没有被充分激发出来。

“三项改革”方案明确了技术转移人才参与职称评审的两条成

西北工业大学青年教师以知识产权作价入股成立科技公司

长路径和评价标准，对面向经济主战场，开展新技术概念验证、中试熟化、产业化工作的高校教师，按照分类评审要求纳入“教学科研型”参加职称评审，重点评价其科技成果转化取得的经济、社会和生态价值；对专职服务成果转化的科技管理人员，纳入工程序列参加职称评审，重点评价其推广本单位科技成果取得经济社会效益过程中所作贡献，以能力、业绩和贡献评价人才，让科研人员“名利双收”。

例如，西安石油大学某教师长期致力于油井可视化检测设备研究，由于缺少科学引文索引（SCI）论文和国家级项目，达不到评教授的条件。“三项改革”为技术转移人才职称评审开辟了新赛道，该教师凭借成果转化贡献成功晋升教授职称，解开了心中的“疙瘩”。西北大学以科技成果转化序列高级职称评审改革为抓手，在新的教师职务评审办法中专设了社会服务型序列，并制定了符合学科特点和发展规律的评审条件要求，加强分类指导和评价，探索建立专兼职结合的技术转移服务队伍。

创新改革试验以来，全省已有68家高校院所改革了技术转移人才评价和职称评定办法，大大增强了参评人员从事科技成果转化的获得感、成就感和荣誉感。截至2023年6月，全省317名科研人员凭借成果转化贡献晋升职称。

（三）破解“缺钱转”：横向科研项目结余经费可出资成果转化

为创新“搭台”，让好成果走向市场。资金是科技成果转化的“血液”“黏合剂”。许多企业和创投机构研判、投资成果转化类项目时，希望成果完成人（技术团队）不仅通过技术作价入股方式参与，还需现金投入，捆绑形成真正的利益共享、风险共担的共同体。“真金白银”的投入，对高校老师来说，很有压力。同时，部分技术团队在学校横向科研项目（横向科研项目指科研团队承接厂矿等企事业单位的科技协作、转让科技成果、科技咨询及其他涉及技术服务的项目）结余经费处于闲置状态，无法直接用于成果转化投资。

“三项改革”方案提出，高等院校探索科研人员将横向科研项目结余经费以现金出资方式，入股科技型企业，形成“现金入股+技术入股”的投资组合，并将这一出资方式视为职务科技成果转化行为。允许高校设立横向科研项目结余经费“资金池”，或者在平等自愿的基础上，双方或多方签订合作协议，投资成果转化，有效破解了转化缺资金、结余不敢投的两难状况，形成激励科研人员推动成果转化的长效机制，既放大了横向科研项目结余经费的使用效应，又给参与科技成果转化的企业吃下了“定心丸”。

例如，由于缺少合理有效的资金利用渠道，西安建筑科技大学某团队有部分横向科研项目结余经费长期闲置。2021 年，团队科研成果在转化时，出资方希望能通过“现金入股 + 技术入股”的方式，实现利益捆绑，共担风险。为此，学校以双“股”齐下的形式积极推动科研成果在西咸新区落地转化。学校根据成果转化的经济和社会价值，在年终绩效考核中对学院与个人进行加分奖励。

截至 2023 年底，全省已有 38 家高校院所实施横向科研项目结余经费出资科技成果转化。陕西科技大学、西安建筑科技大学、西安石油大学等高校成立了由科技处、财务处、国资处组成的工作专班，全力推进改革。

（四）破解“转得慢”：出台“十条措施”加速转化

科技成果转化是一个复杂的过程，尤其在具体操作层面上，任何一个环节都可能直接影响科技成果转化的成败与效率。在全面总结“三项改革”试点经验基础上，陕西聚焦科技成果转化过程中不会转、转得慢等问题，力促转成功、快转化。2022 年 12 月，陕西省人民政府办公厅印发了《深化科技成果转化“三项改革”十条措施》，包括“先使用后付费”“权益让渡”“先投后股”等 10 个方面 27 条具体措施，全方位推进国资监管、人才评价、科研经费管理和成果评价等领域改革与创新，努力形成科技成果转化“小切口实现大突破”示范效应，持续激发社会创新创业活力。

比如，“先使用后付费”政策，支持试点高校院所将已实施单列管理的科技成果许可给中小微企业使用，由许可双方约定采取

“零门槛费＋里程碑支付＋收入提成”或“延期支付”等方式支付许可费。再如，针对职务科技成果赋权改革中高校院所留存的成果所有权处置流程繁杂、收益方式不明确等问题，提出了探索“权益让渡”转化方式，使成果完成人拥有职务科技成果的完整权益，能够自主决定如何转化。

“三项改革”政策体系环环相扣、循序渐进。同时，陕西省以秦创原创新驱动平台为总抓手，高度重视新型研发机构建设，努力形成以科技、资本、人才、知识产权运作为主的全新的成果转化模式和产业开发形态，打造更多紧密型创新共同体，通过科技成果专场路演，建立一对一跟踪服务机制等，在科创企业经营、市场拓展、资金融通、人才培育等方面全方位服务，形成“四链”融合的创新生态系统，在科技成果创新方面实现后发快进。

由于持续推行“三项改革”等创新举措，全省创新生态不断优化，一大批科技企业拔节生长。全省技术合同成交额连续两年增速超过30%、突破3000亿元，科技型中小企业数量2022年同比增长40%、突破1.6万家，高新技术企业达到1.22万家，数量翻了一番，“星星之火”已成燎原之势。

三、经验启示

“三项改革”坚持问题导向，破除制约科技成果转化的思想障碍和制度藩篱，发挥陕西省高校和科研机构众多、创新人才集聚的优势，让科技成果快速落地，为充分挖掘好、利用好、滋养好创新资源，推动科技和经济紧密结合、创新资源和产业发展紧密对接提供了一系列可复制、可学习的经验。

1. 聚焦问题源头，真正突破科技成果转化堵点。科技创新改革不能单打独斗，必须抓住制约改革进程的痛点和堵点，坚持多部门齐抓共管。“三项改革”在陕西省委、省政府的强力推动下，从省级层面进行顶层设计，统筹协调各职能部门，多部门联动工作，明确牵头部门、责任部门等主体工作职责，加强平台建设，攻坚克难，确保职务科技成果权属，国有资产的使用、处置、评估、收益和专业技术人员职称评定、横向科研项目结余经费使用等制约科技成果转化的瓶颈问题得到有效化解，探索出一条优化资源配置、激发创新活力的新路子。

2. 打消科研人员顾虑，深度激发人才创新创业活力。创新驱动本质上是人才驱动，人才是自主创新的关键。面对科研人员始终担心的科技成果转化评价和考核导向不够鲜明、权责界定不够清晰、容错纠错规定不够宽容等一系列问题，“三项改革”从小切口寻求突破，与职务科技成果所有权或长期使用权赋权改革试点有效结合，构成了成果转化的全新体系，保障了科研人员各方面权益。所有权赋权改革是前提，确保了科研人员有权有责；职务科技成果单列管理是基础，解除了科研人员后顾之忧；转移人才职称评定是激励，激发了科研人员内生动力；横向科研项目结余经费出资成果转化是催化，为科研人员参与市场活动提供了资金支持。政策体系环环相扣、循序渐进，全链条、一体化支持科研人员推进成果转化，极大地激发了科研人员创新创业的内生动力。

3. 强化系统制度保障，促进科技成果落地生根。科技成果有效转化的关键在于制度。陕西省聚焦深入推进科技成果转化“三项改革”，发布了一系列涵盖服务、金融、人才、司法等多个领域的政策措施，形成了多层次、多维度、全社会协同的政策体系。

全省各高等院校、研究开发机构等立足自身实际，纷纷跟进出台本单位落地政策，明确权利义务、细化操作流程，进一步促进“三项改革”各项政策措施落实落细，直接惠及科技成果转化过程中涉及的各类主体，将制度优势转化成创新优势，将创新优势转化成发展动力。

4. 持续优化创新生态，提高科技成果转化和产业化实效。习近平总书记指出，核心技术脱离了它的产业链、价值链、生态系统，上下游不衔接，就可能白忙活一场。陕西省从优化创新创业生态破题，以“三项改革”为切入口，夯实了科技成果转化制度机制保障、优化了科创服务体系、提升了金融服务效能、强化了人才供给支撑，打通了从科技到企业、产业、经济的通道，既激活了内部存量创新要素，又吸引了外部增量创新资源，科技成果转化和产业化“小切口大突破”效应越来越显著。

思考题

1. 本地区在科技成果转化方面还存在哪些难点和堵点？如何通过制度创新进行破解？

2. 如何更好提升科技创新整体效能？

3. 通过体制机制改革创新破解难题、促进发展的关键是什么？

把种子牢牢攥在自己手里

——海南建设“南繁硅谷”育种高地

【引言】2018年4月，习近平总书记在海南考察时指出，国家南繁科研育种基地是国家宝贵的农业科研平台，一定要建成集科研、生产、销售、科技交流、成果转化为一体的服务全国的“南繁硅谷”。2022年4月，习近平总书记在海南考察时再次强调，中国人的饭碗要牢牢端在自己手中，就必须把种子攥在自己手里，用中国种子保障中国粮食安全。

【摘要】从源头上保障国家粮食安全，就要下决心把我国种业搞上去，抓紧培育具有自主知识产权的优良品种。海南是我国重要的农作物种子繁育基地。每年冬春季节，数以千计的科学家、技术员从全国各地聚集到这里育种、制种。新时代以来，我国现代种业发展成果显著，基本做到“中国粮”主要用“中国种”。但不可否认的是，我国种业自主创新能力相对弱，在部分领域对“洋种子”依赖依然严重，同时存在产学研用脱节、种业行业“散乱杂”等现象，制约种业发展。在此背景下，开展种源关键核心技术攻关，扎实推进“南繁硅谷”等创新基地建设意义重大。海南积极打造国家南繁科研育种基地，使之成为国家宝贵的农业科研平台，集科研、生产、销售、科技交流、成果转化为一体的服务全国的“南繁硅谷”。

【关键词】种子安全　粮食安全　“南繁硅谷”

一、背景情况

种子是农业的“芯片”。保障国家粮食安全，种业必须先行。党的十八大以来，随着农业生产水平不断提升，我国现代种业发展成果显著，基本做到了“中国粮”主要用“中国种”。当前我国农作物自主选育品种面积占比超过95%，水稻、小麦两大口粮作物品种100%自给，玉米、大豆等种源立足国内有保障。然而，不容忽视的是，我国种业自主创新能力相对弱，原创性种质相对稀缺，基因挖掘能力不够，致使一些品种、领域和环节过度依赖“洋种子”。海南素有热带动植物“天然基因库”美誉，拥有作物、畜禽、水产、农业微生物等种类繁多的热带农业种质资源。位于海南的南繁基地，自然禀赋、历史传承与资源积累得天独厚，冬季温光资源能满足农作物正常生长需求，在南繁基地加繁一至二代，可使品种选育周期缩短1/3甚至1/2。南繁科研育种起源于1956年，至今已有60多年历史。每年冬春季，全国大批农业科研工作者进入海南，进行农作物的加代、繁育、制种。相关数据显示，每年有700多家科研单位、种子企业，近万名科研工作者从事南繁工作。近10年在主要农作物中，国家审定的品种出自南繁的占 86%，省级审定的品种育自南繁的占 91%。南繁已成为我国农作物育种应用研究与基础研究的重要基地。

尽管海南南繁科研育种基地经过多年打造，为我国种业产业发展作出了巨大贡献，但弱小松散、各自为政、部分科研育种项目重复建设、产业链条短、科技成果转化率低等问题依然存在，导致资源整合、产业延伸困难，缺乏种业国际竞争力与市场话语权，距离建设国家级南繁科研育种基地和世界级种业产业集群的目标尚有不小差距。2013 年、2018 年、2022 年，习近平总书记三次到海南考察均对推动种业科技自立自强作出重要部署，为"南繁硅谷"建设擘画蓝图，指明方向。从杂交水稻到高产玉米，从抗病虫害的棉花到脆甜的哈密瓜，累计超过 60 万人次的科研工作者在这里开展育种制种，在我国已经育成的万余种农作物新品种中，有近 7 成经过南繁培育。

二、主要做法

只有用自己的手攥紧中国种子，才能端稳中国饭碗，才能实现粮食安全。海南省通过做好育种科研技术服务、生活用地保障等，推动科研平台建设和创新要素汇集，用好用足自由贸易港独特政策激发创新活力，把制度集成创新摆在突出位置，为中国人用"中国碗"盛"中国粮"贡献力量。

（一）做好土地保障，告别育种科研工作用地"打游击"

稳定的科研用地和生活配套，是每个南繁人翘首以盼的刚需环境。过去，企业和科研单位都是与农户签订协议租种土地，地块和地租都很不稳定，生产、生活配套设施建设五花八门，房子有的建在防洪道上，有的建在基本农田里。由于没有统一规划，用地矛盾时有发生，南繁育种科研、生活用地“打游击”现象长期存在。为破解混乱局面，海南省根据国家相关规划，在三亚、乐东、陵水三市县划定 26.8 万亩的区域作为国家南繁科研育种保护区，并将全部南繁科研育种保护区耕地规划为永久基本农田，通过海南省“多规合一”信息管理平台实现常态化用途监管。同时，结合农村土地经营权确权登记，将南繁科研育种保护区的农田落实到户，登记造册，解决了南繁与其他产业发展“争地”的矛盾，保障了南繁科研育种用地的长期稳定。近年来，协助全国各省 165 家南繁单位在已有用地的基础上新流转土地 2.77 万亩，基本满足南繁单位科研育种的用地需求。

海南省还通过建设南繁高标准农田和重大水利等工程，大幅改善田间基础设施，为南繁科研育种创造良好条件。新建或改造南繁高标准农田 24.26 万亩，占南繁科研育种保护区的 90.5%。推进南繁水利设施建设，完成灌溉覆盖面积 20.41 万亩，占南繁科研育种保护区的 76.2%，基本解决南繁基地输水能力不足、年久失修、灌溉保证率不高等问题，进一步提升了南繁基地灌溉保证能力。此外，还在南繁科研育种保护区内开辟 5.3 万亩育种核心区，通过高标准农田建设改造，基本达到“路相连、渠相通、旱能灌、涝能排”的建设标准。建设生物育种专区，逐步完善试运行条件，引导获得农业农村部批准转基因试验的科研单位、企业有序开展田间试验。为稳定南繁用地，海南省在南繁科研育种保护区建立类似永久基本农田保护的红线，对科研用地用途进行管制。

南繁育种基地一角

育种基地不同于普通农田，除了满足科学育种需要外，还需要一定的科研、生产、生活配套设施。为此，在建设用地指标非常有限的情况下，海南省专门划定 783 亩土地用于配套服务区建设，就近解决南繁专家科研、生产、生活保障问题。目前，三亚相关配套服务区临建设施已完成，江苏省农科院等南繁单位已经入驻；陵水相关配套服务区 3.3 万平方米生活楼，已具备“拎包入驻”条件；乐东相关配套服务区已启动生活楼建设；生物育种专区综合服务区科研生活楼已基本完工并试运行。同时，对 586 家有固定基地的南繁单位建筑设施进行甄别和分类处置，基本解决了 60 多年来南繁单位所建的建筑设施合规化难的历史遗留问题。此外，还建设了南繁公共实验服务和执法管理基础设施项目，为每年来琼开展南繁育种的 700 多家单位提供种子纯度鉴定、DNA 提取、分子标记、品种测试等公共科研服务。

这些举措大大解决了科研人员的后勤保障问题和后顾之忧。“以前科研条件简陋，科研人员上厕所、短暂小憩都是个难题，种子处理也非常棘手。现在服务站一下子解决了大家的难题。”南繁育种专家们感叹。尤为重要的是，海南省委、省政府坚决贯彻习近平总书记多次到海南省考察时的重要讲话和指示精神，以三亚崖州湾科技城为依托，专门设立南繁科技城、国家南繁科研育种基地、全球动植物种质资源引进中转基地以及作物、畜禽、水产种业产业园，规划6028亩用地建设南繁科技城，周边配套规划631亩全球动植物种质资源引进中转基地起步区、3万亩南繁核心育种基地以及5000亩生物育种专区，作为筑造“南繁硅谷”科技内核的空间载体和关键支撑。

（二）汇集创新要素，跑出育种科研平台建设“加速度”

从“一片空地”到“塔吊林立”，再到“平台集群、要素汇集”，一个个快速建设的科研平台和产业项目正生动呈现着“南繁硅谷”建设的火热气氛。如果说三亚崖州湾科技城是南繁的“创新基石”，那崖州湾种子实验室则是科技城的“创新枢纽”。为服务国家“南繁硅谷”建设和种业发展，2021年5月，海南设立新型研发机构——崖州湾种子实验室。2022年9月16日，崖州湾国家种子实验室正式挂牌运行，意味着崖州湾种子实验室实现了从省级实验室到国家实验室的重大突破。设立以来，在海南省、三亚市的大力支持下，仅用两年时间，种子实验室已拥有17.2万平方米物理空间，配套科研设备7200余台（套），建设的大型仪器公共服务中心、核心种质资源库、人工气候室等12个开放共享平台及科研设施已投入使用，20 位院士在这里启动了院士创新团队筹建工作。不仅如此，种子实验室的仪器设备，也向所有科研团队、种业企业 24 小时开放。除种子实验室外，海南还建设了国际玉米技术创新与成果转化中心、南繁作物表型研究设施、种业创新中心、国家野生稻种质资源圃等科研基础设施和关键共性平台。

随着种业科技创新平台集群逐步成形，越来越多的科研院所、科研团队和人才等来到崖州湾科技城开展科研攻关，中国农业科学院、中国热带农业科学院、中国科学院等 12 家科研机构先后落地，引进 200 余名高层次人才，800 余名专家教授开展教育教学科研工作，为种业科技人才的培养提供强有力支撑。教育部还专门设立海南专项研究生，开设种业相关专业 17 个，涉及一级学科 7 个，吸引了浙江大学、中国农业大学等知名高校设立分支机构，截至

科研人员在进行育种试验

2023年底已有相关专业研究生4000多人。从院士到专家教授再到专业研究生，南繁科研育种实现了人才的梯度汇集，为产学研用深入融合奠定了坚实基础。栽好梧桐树，自有凤凰来。一大批国内外知名种业企业相继进驻，截至2023年，入驻种业企业114家、涉农类企业939家。

随着入驻高校、科研机构、市场主体的日益增多，创新要素集聚程度日益增加，南繁科研育种基地率先推出种业研发外包专业化服务体系，建成种业研发外包专业平台、崖州湾现代农田综合服务中心、基因编辑技术公共平台、遗传转化实验室和分子生物学实验室、南繁土地共享平台、崖州科农平台以及三亚、乐东、陵水三地南繁服务站等多个生物育种及服务平台，并成立国内首个种业检验检测联盟——海南自贸港南繁种业检验检测联盟。

（三）用好自贸政策，拓展育种科研开放发展“新天地”

海南自贸港具有独特政策优势，尤其是以零关税、低税率、简税制为特征的税收政策极大降低研发成本，激发创新活力。2021年2月，财政部、海关总署、税务总局联合印发《关于海南自由贸易港自用生产设备“零关税”政策的通知》，标志着《海南自由贸易港建设总体方案》中提出的“对企业进口自用的生产设备，实行‘零关税’负面清单管理”政策正式落地。在此基础上，“零关税”政策享惠主体于2022年2月扩大到事业单位。崖州湾科技城共27家入驻科研院所被纳入首批“十四五”期间享受进口税收政策研发机构名单。上海交通大学三亚崖州湾研究院从境外购买的两台高速摄像机，设备货值99.3万元，享受减免税款总额12.9万元，这是科技城首单以事业单位为享惠主体的自用生产设备“零关税”政策业务。截至2023年底，海南大学三亚研究院等8家事业单位及16家企业主体获得自用生产设备“零关税”资质，顺利进口数百批“零关税”设备，累计总货值近6亿元，减免税款总额超5000万元。此外，对高端人才和紧缺人才个人所得税实际税赋超15%的部分予以免征，注册在海南自贸港并实质性运营的鼓励类产业企业减按15%的税率征收企业所得税等，为南繁科研育种事业提供了良好的政策基础。“零关税”、企业和人才“两个15%”等优惠政策，推动了创新主体聚集和创新平台建设。

高水平开放是自由贸易港建设的生命线。海南自由贸易港关于贸易、投资、跨境资金流动、人员进出、运输往来自由便利和数据安全有序流动等系列政策制度设计，为南繁育种科研事业创造了良好的创新创业环境。目前，开放合作已成为南繁育种事业的突出特色。在确保国家安全、种业安全的前提下，相关研究机构通过实施战略合作伙伴项目、国际一流人才培养项目、高端外专引智项目和国际联合科研平台培育项目，与境外高水平大学或科研机构开展国际化办学合作，推动合作双方学分互认、学生交流、教师外派、科研合作、平台共建、博士生联合培养等高水平的国际合作与交流工作。例如，海南大学聚焦农业科学领域，与新西兰梅西大学开展国际硕士（1+1）项目；中国农业科学院与国际水稻研究所和国际玉米小麦改良中心正式签署战略合作协议，并在科技城设立三亚国际水稻育种中心和国际玉米小麦改良中心三亚育种中心；南京农业大学在崖州湾倡导发起亚洲农业科教创新联盟，52家亚洲国家和地区的涉农高校、科研院所作为首批成员单位加入联盟。此外，南繁育种基地还举办了“崖州湾国际大师讲坛”“崖州国际青年学者论坛”等活动，邀请斯坦福大学、东京大学、诺丁汉大学、马普所等国际著名高校及科研院所顶级专家做主题报告和学术分享。

（四）推动集成创新，牵住育种科研制度改革“牛鼻子”

推进自由贸易港建设是一个复杂的系统工程，需要加强改革系统集成，注重协调推进，使各方面创新举措相互配合、相得益彰，提高改革创新的整体效益。制度集成创新是海南自由贸易港建设的重要方法论。在南繁育种基地建设中，海南省坚决把制度集成创新摆在突出位置，以制度集成创新推动南繁科研事业快速发展。

在种业制度创新方面，海南省主动衔接种子生产经营许可证核发权限下放至省农业农村主管部门，制定《海南自由贸易港农作物种子进出口生产经营许可管理办法》。出台《进境植物繁殖材料隔离种植场所考核互认工作实施方案》，创新植物检疫联巡联检新模式。梳理现行的种质资源引进、审批、检验检疫等种业相关制度，制定《海南自由贸易港植物新品种保护管理办法》等种业若干规定，利用自贸港投资贸易自由化便利政策，探索实行“备案制”代替“审批制”，简化审批流程，推进要素流动自由化、便利化。

知识产权是种业未来竞争的核心，在知识产权保护方面，南繁育种科研基地创建融立法、司法、行政执法、技术标准和知识产权管理与服务于一体的种业知识产权全链条“一站式”服务体系。搭建“育种材料存证与惠益分享”平台，依托该平台发布“种子身份证”，构建“育种材料第三方存证”和“育种材料惠益分享”新机制，推动种质资源和育种材料信息的分享和流动。设立农业植物新品种审查协作中心，协助农业农村部开展农业植物新品种权的申请受理、初步审查等工作，为“南繁硅谷”提供便利高效的种业知识产权服务。

在金融服务方面，与保险公司合作，推动国内首单植物新品种权被侵权保险的业务在崖州湾科技城落地。

在创新要素整合方面，自 2019 年 3 月启动建设以来，南繁育种基地紧紧抓住科技创新和产业发展两个着力点，坚持教、研、学、产、城深度融合，截至 2023 年底，已引入 8 所优质高校、1 家科研单位、4 所岛内岛外省属高校共 13 家研究生培养单位。科技城已初步成为聚焦人才引培，集聚创新动能的沃土。在此背景下，为尽量集约使用土地资源，尽可能促进学科互融、文理互通、学分互认、课程互选、管理共商，南繁育种基地创新实施了“大共享、小学院”的国际教育制度集成创新模式，包括建立优质师资课程资源共享机制、“第二课堂成绩单”学分互认机制、跨校间学生素质教育和实践教育共建机制等。物理空间的“大共享”不仅可以允许学生“一校入学、多校选课、多地实践、多个学位”，还有效节省了教学资源，促进各高校在科研、教学等各层面深入合作。

（五）发扬科学家精神，锻造育种科研事业队伍“接班人”

扎根田野，育种育人。一大批闻名全国、享誉世界的南繁育种专家在培育良种的同时，也感染、培养了更多的育种人和团队。他们深深扎根祖国沃土，用智慧和汗水不断改变中国农业面貌。袁隆平，享誉全球的“杂交水稻之父”，1968 年到海南省三亚南红农场从事南繁育种工作，50 多年如一日，每年冬季都能在南红农场基地见到他在田间忙碌的身影。“当代神农”为人类运用科技手段战胜饥饿带来绿色的希望和金色的收获，不仅为解决中国人民的温饱和保障国家粮食安全作出了贡献，更为世界和平和社会进步树立了丰碑。李登海，中国紧凑型玉米创始人，1978 年来到海南开展南繁育种，在这里他已经度过了43个春节，他育成的掖单系列紧凑型玉米品种，开创了紧凑型玉米的先河，产量不断刷新纪录，推广面积节节攀升。郭三堆先生和他的科研团队在南繁育种中率先培育出转基因抗虫棉植株，为我国在“抗虫棉”育种方面开创了先河。谢华安院士和他的科研团队在南繁育种再生稻研究中，育成的“汕优63”再生能力强，实现了再生稻在我国农业生产上的突破。张士永教授南繁育种已18个年头，育种系列圣稻品种，为山东水稻品种推广贡献了南繁力量。福建农林大学教授、水稻育种专家杨仁崔，先后在水稻遗传育种研究方面取得多项成果，其中有6项居国际领先水平。由于长时间连续工作，在南繁基地突发脑溢血，永远地离开了他最钟爱的事业。艰苦卓绝、拼搏进取、勇于创新、无私奉献的南繁精神，正在被今天的年轻一代所传承。

2023年，科学家精神教育基地——南繁服务站正式揭牌，一批又一批的参观人员感慨道，通过实地走访考察，真切地感受到了几代农业科研工作者50多年如一日、舍小家为大家的无私奉献精神和勇于创新、不断超越的奋斗精神。如今，不断改善的科研、生活条件，让很多科技工作者从“候鸟”变成常驻。通过智慧管护，田间管理借助数字育种，每粒种子生长周期的数据得以全程监测，让更多科研人员可以投入更多时间精力向关键技术攻关，夯实做强种业“芯片”的基础，为中国人用“中国碗”盛“中国粮”贡献力量。

三、经验启示

在2022年底召开的中央农村工作会议上，习近平总书记强调，“发挥新型举国体制优势，整合各级各类优势科研资源，强化企业科技创新主体地位，构建梯次分明、分工协作、适度竞争的农业科技创新体系。要打造国家农业科技战略力量，支持农业领域重大创新平台建设”。新时代赋予新使命，“南繁硅谷”建设为打造国家农业科技战略力量提供了有益借鉴。

1. 种业科技自立自强是确保我国粮食安全的战略支撑。推进科技自立自强，既是我们应对百年未有之大变局的迫切需要，也是全面建成社会主义现代化强国、实现中华民族伟大复兴战略全局的客观要求。近年来，发达国家以知识产权保护为名对基因资源和技术实施源头垄断，加速对发展中国家的市场占有和经济控制，一定程度上危及发展中国家的粮食安全。为此，我们必须认清形势，时刻绷紧粮食安全这根弦，把种子牢牢攥在自己手里。以国家南繁科研育种基地为基础、以全球动植物种质资源引进中转基地为支撑、以南繁科技城为载体，推动南繁科研育种由季节性加代繁育向常年种子研发转变，由单纯育制种向种业全产业链发展转变，由分散科研向集群协同转变，由南繁事业向南繁事业产业并举转变，加快形成国家“南繁硅谷”，促进种业大发展，引领种业科技自立自强。

2. 勇于担当、主动作为、大胆创新是“南繁硅谷”建设的内在动力。海南省把“南繁硅谷”建设摆在重要位置，聚焦平台支撑，着力推动“南繁硅谷”、南繁科技城和国家重大科创平台建设；聚焦种源创新，着力引进和培养高端人才，谋划推动大科学装置建设，着力培育高水平种源科技创新能力；聚焦种业发展，融合推动种源创新和种业发展，加强种业国际合作，加大自主科技创新力度，培育具有国际竞争力的种业市场主体，建立具有国际影响力的种业交易体系；聚焦政策优势，用好用足自贸港平台和自贸港立法权，加快科技领域体制机制改革，坚决把“南繁硅谷”打造成科技创新策源地、体制创新先行地和高水平开放新高地。

3.“中央统筹、部门支持、省抓落实”工作机制是“南繁硅谷”建设的有力保障。“南繁硅谷”的建设和发展是部省合作落实党中央重要部署的生动实践。农业农村部与海南省签署《共同推进海南全面深化农业农村改革开放备忘录》，指导海南省编制《国家南繁硅谷建设规划》；和海南省联合成立国家南繁工作领导小组并构建五级南繁管理体系。国家发展改革委加大生物育种专区、农田水利工程投入力度。财政部全面落实科研用地定金补贴、制种大县奖励、南繁运行管护经费等政策。自然资源部指导划定科研育种保护区实行用途管制。教育部专门为赴琼高校设研究生招生专项。海关总署制定了《全球动植物种质资源引进中转基地海关监管方案（试行）》。国家知识产权局支持海南省建设三亚崖州湾科技城知识产权特区。推进种业振兴是一项系统工程，涉及政府部门、科研院所、种业企业等多个主体，只有多方参与，密切配合，才能打好种业翻身仗。

思考题

1. 谈谈对党的二十大报告关于“以国家战略需求为导向，集聚力量进行原创性引领性科技攻关，坚决打赢关键核心技术攻坚战”的认识和理解。

2. 海南加快建设“南繁硅谷”的经验和启示有哪些？对新时代各地推动科技自立自强有哪些借鉴？

大胆使用 让更多青年人才挑大梁

——中国科学院创造条件助力青年人才在科创一线冒尖

【引言】2021年9月，习近平总书记在中央人才工作会议上强调，要把培育国家战略人才力量的政策重心放在青年科技人才上，给予青年人才更多的信任、更好的帮助、更有力的支持，支持青年人才挑大梁、当主角。2023年2月，习近平总书记在主持二十届中央政治局第三次集体学习时指出，要加大各类人才计划对基础研究人才支持力度，培养使用战略科学家，支持青年科技人才挑大梁、担重任，积极引进海外优秀人才，不断壮大科技领军人才队伍和一流创新团队。

【摘要】青年科技人才处于创新创造力的高峰期，是国家战略人才力量的重要组成部分。近年来，我国青年科技人才规模快速增长，在国家重大科技任务实施中发挥越来越重要的作用。国家重点研发计划参研人员中，45岁以下占比达80%以上。国家自然科学奖获奖者成果完成人的平均年龄已低于45岁。北斗导航、探月探火等重大战略科技任务的许多项目团队平均年龄都在30多岁。在人工智能、信息通信等新兴产业领域，优秀青年科技人才已成为技术创新的主力。

中国科学院坚持实践标准，遵循人才成长规律，紧密结合科技创新实践培养造就人才，努力创造更多承担重大任务、担任重要岗位、提出科研选题、挑战科技难题和学术交流合作的机会。充分发挥国家战略科技力量体系化、建制化优势，利用大平台、大任务，跨学科、跨领域组建大团队，为青年人才搭台子、压担子。对重大任务、重要岗位明确青年人才担纲领衔的比例，支持他们带着责任干、带着压力干、带着动力干，在带领团队完成重大科技攻关中磨炼成长。实施稳定支持基础研究领域青年团队计划，坚持"严选题、精选人"，支持一批青年团队"揭榜挂帅"、挑战世界科技难题，给予大力度、长周期支持，让他们心无旁骛地潜心攻关。在全院支持组建150多个以钱学森、赵九章、施雅风等老科学家名字命名的青年攻关突击队，以科学家精神为引领，打造理想信念坚定的青年创新团队。深入实施人才培养引进系统工程，使人才计划相互衔接、人才政策相互贯通、人才成长路径全链条覆盖，构建多层次、全方位、系统化、独具特色的人才工作体系。

【关键词】青年科技人才　科研实践历练　干事创业机会

一、背景情况

青年兴则国家兴，青年强则国家强。青年科技人才已成为我国科技创新发展的生力军。

2021 年 9 月 27 日，习近平总书记在中央人才工作会议上发表重要讲话，提出要深入实施新时代人才强国战略，加快建设世界重要人才中心和创新高地，要把建设战略人才力量作为重中之重来抓。同时强调，要把培育国家战略人才力量的政策重心放在青年科技人才上，造就规模宏大的青年科技人才队伍。

面向 2035 年，我国要跻身创新型国家前列、建成人才强国，必须拥有一大批在国际上有重要影响力、能有效解决国家重大需求的高水平科技人才，而届时的这些中坚骨干力量就是当前的青年科技人才。加强青年科技人才培养使用是加快建成人才强国、实现高水平科技自立自强的战略之举和必然要求。

为全面学习贯彻习近平总书记关于做好新时代人才工作的重要指示批示，深入落实中央人才工作会议精神和党中央、国务院关于加强和改进新时代人才工作的决策部署，中国科学院党组坚持目标导向、问题导向，聚焦加快实现习近平总书记提出的“四个率先”和“两加快一努力”目标要求，在全院开展了全方位、深层次的人才工作专题调研，2022 年制定出台《中共中国科学院党组关于新时期加强人才工作的若干举措》和《中国科学院“十四五”人才高地建设发展规划》，大力培养造就国家战略人才力量。中国科学院坚持出成果和出人才并重，遵循人才培养、使用和发展规律，紧密结合科技创新实践造就高水平人才。在新时代加强人才工作的系列举措中，把青年人才培养使用放在更加突出的位置，重点针对青年人才干事创业和担纲领衔的机会不多、成长发展空间受限、评价激励机制不健全和生活压力大等问题，着力为青年人才发展提供更好实践历练平台和更大培养支持力度，创造更多承担重大任务、担任重要岗位、提出重大选题、挑战科技难题和开展高水平学术交流合作的机会，支持更多优秀青年人才潜心开展关键性、原创性、引领性重大科技攻关，在科技创新实践中更好地成长成才、更早地脱颖而出。

二、主要做法

为激发青年科技人才创新创造活力，壮大青年科技人才队伍，中国科学院从强化职业早期支持、突出大胆使用等方面实施了一系列务实举措，完善以创新价值、能力、贡献为导向的科技人才评价体系，真正把人才资源转化为科研实力、竞争优势。

（一）搭平台、给机会，把青年人才放到重大科技创新实践中磨炼

中国科学院聚焦服务国家重大战略需求，把优秀科技人才凝聚培养与重大科技任务、重大科研布局、重大创新平台建设等有机结合起来，充分发挥国家战略科技力量体系化、建制化优势，利用大平台、大任务，跨学科、跨领域组建大团队，为青年人才搭建创新舞台、创造发展机会。

在微小卫星创新研究院，一线科研人员平均年龄不到 33 岁，型号“两总”及主任设计师中 35 岁以下青年比例超过 50%，很多年轻人刚毕业就挑起了卫星研制的大梁。该单位自 2003 年成立以来，北斗三号组网卫星、暗物质粒子探测卫星、量子科学实验卫星、天宫二号伴随卫星、太极一号卫星等 90 余颗卫星从这里一飞冲天，一大批青年人才在承担国家重大任务中得到历练成长。从北

微小卫星创新研究院爱因斯坦探针空间科学卫星研制团队

斗导航卫星到万米载人深潜，从“中国天眼”FAST到国家太空实验室，从黑土粮仓到疫苗药物研发……中国科学院一群“80后”“90后”们“上天入地”，在诸多国家重大科技攻关中担当主角，聚焦国家新发展阶段急需科技支撑的重大问题，努力抢占科技制高点。

重大科技基础设施是开展高水平基础研究的重要平台。中国科学院充分发挥重大科技基础设施的优势和作用，积极部署开展建制化基础研究项目，强化开放合作，吸引国内外优秀青年科学家，提出前沿科学重大研究选题或发起国际大科学计划，依托大设施开展学科交叉的协同创新，给予组建科研团队和设立工作站等科研条件支持。例如，高能物理研究所联合金属研究所和中国钢研科技集团有限公司等，依托散裂中子源和同步辐射光源，开展高性能高可靠性材料等共性基础科学问题研究，突破了一系列关键核心技术问题，也有力促进了高水平大设施科学研究队伍的建设。

（二）强使命、优选题，支持青年人才聚焦国家重大需求潜心攻关、勇攀高峰

青年人才是创新意识最强、创新思维最活跃、精力最旺盛的群体，处于最容易取得重大突破性成果的阶段。基础前沿原始创新和关键核心技术突破均具有周期长、难度高、不确定性大等特点，要选出具有科学家潜质而且能够坐得住冷板凳的优秀青年人才，给予较长周期相对稳定支持，使其创新潜能得到最大限度发挥。

2021 年中国科学院制定出台“基础研究十条”，扎实推进使命驱动的建制化基础研究，以青年科学家为重点，加强基础研究人才队伍建设。在优化选题机制上，坚持自上而下和自下而上相结合，研究制定“重大科技需求”和“前沿科学问题”两个清单并动态更新，引导广大青年人才聚焦国家战略需求和科学前沿重大问题开展潜心攻关，注重以重大应用需求倒逼基础研究，以基础研究推动应用研究。加强青年人才学术交流研讨和学科交叉合作，创办“雁栖青年论坛”品牌活动，鼓励独立思考、学术争鸣，提出科学前沿问题与关键技术难题，促进源头创新和前沿交叉。在创新管理方式上，实施稳定支持基础研究领域青年团队计划，按照“严选题、精选人、选题与选人相结合”的原则，支持一批以 40 岁以下青年人才为主的科研团队“揭榜挂帅”、勇攀高峰，已遴选了 100 个青年团队，成员平均年龄 37 岁，按照“5 年 +5 年”给予长周期、大力度的稳定支持，瞄准新一代信息技术、人工智能、合成生物学、关键战略资源和数学前沿等领域科学难题，心无旁骛地长期攻关。青

年人往往有奇思妙想的新点子，却没有付诸实践的机会条件，为充分激发青年人才创造力，还设立了院长基金特别资助项目，鼓励创新、宽容失败，支持开展创新性强、挑战性大的颠覆性、非共识选题研究。

（三）压重任、拓空间，不拘一格选拔更多优秀青年人才担纲领衔

加强制度机制的优化设计，保障支持青年人才挑大梁、当主角。健全国家和院重大任务组织管理机制，结合任务特点，推行“首席科学家”制、“两总”制、“首席科学家＋两总”制等，选拔更多有潜力、善组织、专业强、有使命感责任感的青年领军人才担纲领衔，在组建团队、承担任务及薪酬激励等方面予以重点支持，让他们带着责任干、带着压力干、带着动力干，把重大任务攻关过程变成人才培养过程。例如，中国科学院战略性先导科技专项明确提出两个不少于50%的要求，即45岁以下项目负责人占比不少于50%，40岁以下课题负责人占比不少于50%。推行科研部门负责人“任期制”，明确45岁以下人员占比一般不低于50%、40岁以下人员占比一般不低于30%，不断优化人才梯队。坚持“稳优扶青”原则，实施特聘研究岗位制度，强化岗位目标任务导向，坚决破除“四唯”（唯论文、唯职称、唯学历、唯奖项）等弊端，精准激励和稳定支持从事基础前沿交叉原始创新和关键核心技术攻关的核心骨干人才，重点支持承担国家重大科技攻关任务，在已支持的近9000个岗位中，3/4岗位用于支持45岁以下的青年科研骨干。

（四）循规律、强支持，构建全链条青年人才培养引进工作体系

中国科学院不断深化对人才成长和科技创新活动规律的认识，根据不同历史时期对青年人才队伍建设的要求，适时实施多项人才计划并加强系统整合，深入实施人才培养引进系统工程，使人才计划相互衔接、人才政策相互贯通、人才成长路径全链条覆盖，逐步构建起多层次、全方位、系统化、独具特色的人才工作体系。围绕引进优秀青年人才，1994 年启动实施“百人计划”，这是我国科技界最早启动的高目标、高标准和高强度支持的海外人才引进培养计划，取得了丰硕成果，已累计引进人才近 3500 位，其中有 107 位成长为两院院士，中国科学院现任研究所所长中 1/3 都是“百人计划”入选者。围绕自主培养青年人才，2011 年成立“青年创新促进会”，为 35 岁以下青年提供“第一桶金”，实施“人才项目支持 + 科研交流平台”等综合支持措施，资助开展跨领域、跨学科的交流合作，对优秀者给予与引进人才同样的支持，已累计支持超过 5500 人，自主培养了一大批青年学术技术带头人。围绕扩大储备青年人才，2019 年实施特别研究助理制度，大幅提高青年博士后薪酬待遇，加大吸引国内外优秀博士，建立公平竞争择优的青年人才吸引和培养机制，这支队伍规模已超过 1.4 万人，成为一支重要科研力量。

（五）扬精神、造环境，营造有利于青年人才发展的创新生态

建设世界科技强国不仅需要青年人才练就过硬本领，更需要他

们坚定为党工作、为国奉献的理想信念。中国科学院坚持党建引领，夯实理想信念根基，为青年科技人才营造创新科技、报国为民的良好创新生态。持续加强政治方向的引领感召，创新思想理论教育方式方法，引导青年科技人才牢记作为“国家队”“国家人”，必须心系“国家事”、肩扛“国家责”的使命职责，自觉为党的科技创新事业不懈奋斗。持续强化科学家精神的传承弘扬，近年来建设一大批独具特色的党员主题教育基地和科学家精神教育基地，深入挖掘和宣传老科学家们的先进事迹，用身边事激励身边人，用小故事讲清大道理，推动青年人才树报国之志、定强国之念。在全院支持组建 150 多个以钱学森、赵九章、施雅风等老一辈科学家名字命名的青年攻关突击队，瞄准国家重大需求，以科研任务目标为牵引，以科学家精神为引领，打造理想信念坚定的青年创新团队。例如，力学研究所集结所内多部门跨学科青年骨干成立“钱学森科技攻关青年突击队”，围绕临近空间高速飞行关键问题开展集中攻关，赋予团队充分组织实施自主权，实行人才梯队、科研条件、管理机制等特区配套政策，实现了多项关键技术突破和成功实验。伴随着重大攻关任务的实施，这支 35 岁以下人员占 60%的青年团队也在同步茁壮成长。

持续加强人才制度环境的营造，落实执行好党中央、国务院为人才松绑减负、支持青年人才成长的各项政策要求。破除“四唯”等人才评价问题，是广大科技人才特别是青年人才的普遍期盼。中国科学院全面启动开展科技人才分类评价改革试点工作，制定实施方案和指导规范，推动用人单位“破四唯”“立新标”并举，按照原创和前沿导向的“基础科学研究”、需求和应用导向的“技术科学研究”、国家重大战略和系统工程导向的建制化“工程技术研究”

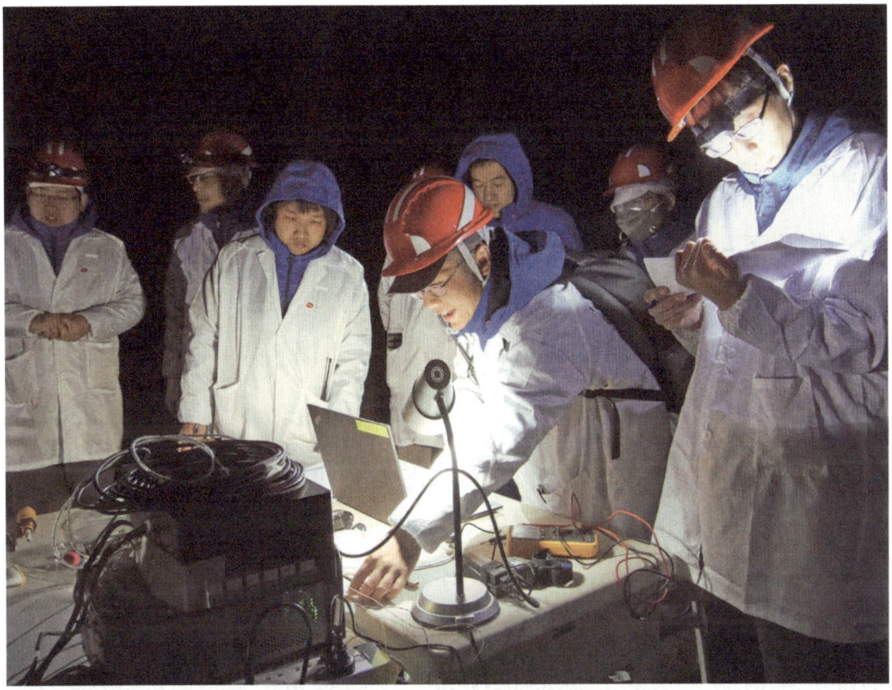

“钱学森科技攻关青年突击队”在飞行试验前挑灯夜战

以及“科技支撑保障”等四类主要科研活动，创新完善人才分类评价机制，改革岗位管理和薪酬考核制度体系，畅通各类青年人才岗位晋升发展通道，合理体现其创新价值和贡献。持续加强基层党组织的服务保障，深入实施“3H”（HOUSING、HOME、HEALTH）工程，努力协调解决青年人才实际困难和后顾之忧。

三、经验启示

中国科学院始终坚持和加强党对人才工作的全面领导，紧紧围绕发挥国家战略科技力量主力军作用，把青年人才工作作为人才队伍建设的重中之重，以高水平科技创新培养优秀青年人才，着力打造充满活力的青年人才队伍支撑高水平科技创新，在培养引进用好青年人才方面积累了一定经验。

1. 坚持立足科研实践，为青年人才干事创业搭建更好平台。立足科研实践是培养造就高水平科技人才的根本途径。“坐而论道”选不出人才，“论资排辈”熬不出人才。要坚持实践标准，把青年人才培养与重大科技创新实践紧密结合起来，让青年人才在科技创新主战场上施展才华、磨炼成长，以事业激励人才，让人才成就事业。

2. 坚持遵循人才规律，为青年人才培养引进提供精准支持。青年人才的成长不是一蹴而就的，必须遵循人才培养、使用和发展规律。要坚持因才施策，根据人才不同成长阶段特点，完善“阶梯式”青年人才支持政策，在青年人才最需要支持的阶段，加大资助力度、予以分类支持，及时把优秀青年放到重大任务中、重要岗位上去历练。

3. 坚持持续深化改革，为青年人才奋力创新激发内生动力。构建公平开放、竞争择优的人才制度体系，是吸引优秀青年、促进青年成长、释放青年活力的根本所在。要坚持深化人才发展体制机制改革，加强公平普惠环境和基础制度建设，建立完善有利于青年人才引得来、用得好、留得住的人才分类评价、分类管理机制，让专注做事的各类青年科技人才受到尊重、得到支持、发挥作用。

4. 坚持营造创新生态，为青年人才潜心科研做好服务保障。优良的种子需要肥沃的土壤和适宜的阳光雨露，青年科技人才的成长需要崇尚创新、鼓励探索、追求卓越、宽容失败的创新生态，需要让人才心无旁骛、潜心致研的良好环境。同时，也需要各级基层党组织关心关爱青年人才，用情、用心、用力做好青年人才工作，让他们安身、安心、安业，全身心投入到科技创新事业中。

思考题

1. 如何最大限度地激发各类青年人才创新活力和创造潜力，引导他们积极投身到国家实现高水平科技自立自强的事业中？

2. 如何早发现、早培养、早使用具有杰出科学家潜质的优秀青年科技人才？

3. 如何创造更好的人才发展大环境，让更多青年科技人才能够安身、安心、安业，围绕服务国家需求潜心开展关键性、原创性、引领性重大科技攻关？

践行工匠精神　让“好种子”长出“好苗子”

——中国中车打造科技人才和技能人才培养体系

【引言】2015年7月，习近平总书记在考察中国中车时指出，高铁是我国装备制造的一张亮丽的名片，希望持续保持领先领跑；2017年4月，习近平总书记再次考察中车时强调，要加强知识、人才积累，不断突破难题、攀登高峰。2023年10月，习近平总书记在同中华全国总工会新一届领导班子成员集体谈话时强调，要围绕深入实施科教兴国战略、人才强国战略、创新驱动发展战略，深化产业工人队伍建设改革，加快建设一支知识型、技能型、创新型产业工人大军，培养造就更多大国工匠和高技能人才。

【摘要】知识型、技能型、创新型劳动者，是科学技术和工业制造结合的“传动轮”，是自主创新的生力军。中国中车是全球规模最大、世界一流的轨道交通装备制造企业，研制的以“复兴号”高速动车组为代表的系列化轨道交通装备产品已达到世界先进水平。中车坚持人才引领发展的战略地位，聚焦建设人才高地工作主线，构筑“敬业、精业、创新”的匠心底蕴，培养造就更多的大国工匠和高技能人才，为国家高速列车事业发展提供了坚实的人才支撑。一是深入践行工匠精神。引导科技、技能人才专注品格、品质、品牌，锤炼拥有过硬素质和本领的科技、技能人才队伍。二是打造高地聚人才。着力推进中车北京人才高地建设，聚集大批高层次科技人才开展科技创新。三是畅通渠道促成长。构建进阶式、体系化的人才发展通道，形成了由首席科学家、科学家、集团级其他专家构成的核心人才队伍。四是靶向赋能建梯队。实施科技人才梯次培养、技能人才综合素质提升行动、中车核心人才培养规划等措施，着力培养科技英才和卓越工程师。五是实践搭台锻炼人才。在技术攻关、项目实践、岗位实践中，锻炼培养创新型的科技人才和技能人才。六是完善机制激活力。着力强化对科技领军人才和“高铁工匠”的精准激励，科技领军人才待遇最高可达所在企业总经理水平，“高铁工匠”待遇最高可达所在企业总经理助理水平。这些改革举措有效激发高铁人才创造活力，推动了国家高速列车事业发展，打造了中国高端装备制造亮丽名片。

【关键词】人才高地　工匠精神　科技人才　技能人才

一、背景情况

2021年1月19日，习近平总书记乘坐京张高铁赴张家口赛区考察北京冬奥会、冬残奥会筹办工作时指出，我国自主创新的一个成功范例就是高铁，从无到有，从引进、消化、吸收再创新到自主创新，现在已经领跑世界。要总结经验，继续努力，争取在“十四五”期间有更大发展。

从“复兴号”标准高速动车组实现完全自主知识产权，到京张智能高速动车组成功服务北京冬奥会、冬残奥会，再到印尼雅万高速动车组开创中国高铁全系统、全要素、全生产链走出国门“第一单”，一路走来，中国中车以一个个科研创新创造的生动实践，不断擦亮中国高铁国家名片。

在推进高铁创新发展过程中，中国中车也面临着人才方面的问题：由于所属子企业多数分布于国内二、三线城市，受地域环境、经济社会条件等诸多因素影响，对急需人才吸引力不足，个别子企业出现人才流失现象。存在人才质量不高、结构不合理、发展后劲不足等问题。高层次特别是行业领军人才不足，导致行业关键核心技术难题攻关受阻。人才配套政策和激励机制不够健全，导致人才内生动力不足。如何建设高水平的人才队伍，以人才驱动创新发展，持续擦亮中国制造亮丽名片，是中国中车发展道路上面临的重要课题。对此，中国中车以打造高地引才，以工匠精神育英才，以机制创新激活力，在中国高铁产业这片沃土中，让“好种子”成长为科技人才和技能人才的“好苗子”。

二、主要做法

党的二十大提出，加快建设国家战略人才力量，努力培养造就更多大师、战略科学家、一流科技领军人才和创新团队、青年科技人才、卓越工程师、大国工匠、高技能人才。中国中车积极落实国家人才战略，坚持党管人才原则，以建设人才高地为主线，聚焦企业发展急需的科技人才和技能人才，以“战略牵引、职位管理、能力管理、平台支撑、实施管控”5大系统为支撑，以“纲领制度、职能制度、业务制度”全穿透、一体化的核心制度体系为保障，完善人才引、育、用、管、留体系，在伟大事业中吸引人才，在攻坚克难中培养人才，在重大项目中用好人才，为打造中国高铁国家名片提供坚强的人才支撑。

（一）文化孕育，深入践行工匠精神

1. 传承发展红色基因。中车拥有140多年创业历史，产生过我国最早的产业工人队伍，是早期工人运动的策源地。传承红色基因的中车人，把革命年代的无畏斗争精神，转化为工业建设的自力更生精神、自主创新动力，构筑了“敬业、精业、创新”的匠心底蕴，形成了“产业报国，勇于创新，为中国梦提速”的高铁工人精神。

2. 涵养培育工匠精神。习近平总书记强调，工匠精神的内涵在于“执着专注、精益求精、一丝不苟、追求卓越”。中车坚持把工匠精神作为中国制造、中国创造的力量源泉，引导科技、技能人才专注品格、品质、品牌，锤炼拥有过硬素质和本领的科技、技能人才队伍，以“至拙”的干劲打造“至巧”的产品，“十万个紧固件无松动”“万根接线无差错”“千米焊缝无缺陷”让高铁动车这张“国家名片”熠熠生辉。

（二）打造高地，强化人才吸引集聚

1. 全力打造中车人才高地。2021年9月，习近平总书记在中央人才工作会议上强调，加快建设世界重要人才中心和创新高地。中

车集团总部牵头抓总，以北京为中心，以长春、大连、青岛、株洲＋长沙为四翼，着力建设“1+4+X”高水平人才高地，充分利用一、二线城市地域优势、政策保障优势和人才资源优势，通过统一规划、统一建设、统一管理、统一服务，努力发挥“高地”在人才引进、开发、流动、共享等方面资源集中的效能。优先打造北京人才高地，北京科技创新公司作为中车北京人才高地的载体，下设19家研究所，以产业链吸引人才链，以人才链推动创新链，着力突破一批关键核心技术，促进轨道交通装备等核心业务持续领先领跑。

2. 创新开展“全球引智”、“高校揽才”、“未来星”培育工程。充分依托国家级研发机构、海外研发中心、院士工作站、博士后工作站、产学研合作联盟等平台，多渠道、多方式吸纳境内外高层次人才和智力资源，截至2023年底，开展了5届海外人才招聘，累计签约海外人才近400名，其中多人成功入选国家专项人才计划。开展“连接世界、与你同行”“你当像星、闪耀未来”等主题校招活动，年均签约优秀毕业生3000人以上，多年获评“优秀雇主”。深化产学研育融合，精心选拔基础扎实、勤于钻研、潜力突出的实习生进行系统性、递进式培养。

（三）畅通渠道，拓宽人才成长路径

1. 系统设计科技人才Y型发展通道。为加强高层次人才队伍建设，制定实施《中国中车集团公司核心人才管理办法》，系统划分科技人才技术专家、资深技术专家、首席技术专家、科学家、首席科学家5个层级的集团级荣誉，设计Y型多元职业发展通道，从“千军万马挤官道”向“多元发展畅通道”转变。扎实推进“两年一选拔、四年一聘期”的动态管理机制，基于业绩评价，突出工

作能力和工作业绩，破除唯学历、唯资历、唯论文等方面的束缚，为持续激励科技人才提升自我、创新创造提供了宽阔的平台。持续完善战略科学家“近期、中期、中长期”梯次培养机制，加快实现顶尖科技人才培养新突破。截至2023年底，中国中车拥有中国工程院院士2名，国家级科技专家30余名，享受国务院政府特殊津贴380余人，荣获詹天佑铁道科学技术奖、茅以升科学技术奖者210余人，科技领军人才的引领示范作用不断彰显。

2. 多元构建技能人才“8+5+双师”发展通道。中车设立新8级职业技能等级制度（学徒工、初级工、中级工、高级工、技师、高级技师、特级技师、首席技师），系统划分技能人才职业发展“子公司级技能专家、集团技能专家、集团资深技能专家、集团首席技能专家、中华技能大奖获得者”5个层级。针对“双师型”人才，在专业技术职务任职资格评聘中，建立先进操作法、专利发明和岗位业绩贡献等量化评审条件，打通技能人才与科技人才之间职业发展通道，培养集技师和工程师能力于一身的高水平创新型人才。中车技能人才队伍中，高技能人才占比稳定在60%以上，其中获评正高级工程师6人、高级工程师113人。中国中车已培养了中华技能大奖获得者10名、全国技术能手136名、全国劳动模范28名、享受国务院政府特殊津贴专家78名，形成了独树一帜的“高铁工匠”团队。

（四）靶向赋能，加速人才养成育成

1. 着力培养科技英才和卓越工程师。实施科技英才梯队建设“百人计划”，每两年在全集团选拔100名左右具有发展潜力的优秀青年科技人才进行重点培养，首届共25家子公司117人入选。强化卓越工程师培养，中国中车获批为工程硕博士培养改革专项首批

试点企业暨卓越工程师校企联合培养重点单位，与浙江大学、华中科技大学、北京交通大学等高校合作，共同开展半导体（芯片）、人工智能、新材料等领域卓越工程师培养，已与知名高校联合培养工程硕博士60余名。

2. 持续深化产教融合。充分发挥常州铁道高等职业技术学校优质资源，不断挖掘高铁工人的师、匠双重技能，建设高铁工匠学院、职业技能学院、国际化高端技能人才培训平台等。坚持协同发展，深入推进产教融合，发起成立首个国家重大行业（轨道交通装备）产教融合共同体，努力打造央企产教融合典范。

3. 健全完善职业技能竞赛体系。建立健全以企业岗位练兵和技术比武为基础、以国家和行业职业技能竞赛为主体、国内与国际竞赛项目相衔接的劳动技能竞赛机制，探索“赛展演会”一体化、集中式办赛模式，促进形成以赛促学、以赛促练、以赛促干良好风气。新中车成立以来，先后举办了4届中车职业技能大赛（国家二类竞赛），圆满完成轨道车辆技术赛项全国交通行业选拔赛承办任务，并荣获全国首届职业技能大赛该赛项冠军。在“一带一路”暨金砖国家技能发展与创新大赛数控加工比赛中，中车6名参赛选手取得5金1银优异成绩。

（五）实践搭台，发挥人才支撑作用

1. 项目实践造就科技领军人才。中车拥有11个国家级研发机构，22个国家认定企业技术中心，16个行业研发机构，18家海外研发中心。这些科研平台承接国家重点项目、开展重大技术攻关、探索前沿科技，搭建起产业链、人才链、创新链有效衔接的新型人才培养生态体系。为深入研究高速动车组核心关键技术，中车依托国家高速列车技术创新中心、国家级工程实验室等科研资源，组建创新团队，持续开发了以时速 350 公里复兴号中国标准动车组为代表的谱系化高速动车组产品，安全性、可靠性、智能化、舒适性、绿色环保等方面达到世界领先水平。京张高速铁路是国家规划实施的重点建设项目。为高标准完成京张智能高铁项目研制工作，中车组建了由中车科学家、首席专家、骨干设计师组成的设计团队，其中 35 岁以下青年设计师 136 人，是设计团队的生力军。设计团队反复推敲先进技术，使京张高铁智能动车组取得了首次实现时速 350 公里的无人驾驶、首次在时速 350 公里的高铁列车上依托 5G 技术打造超高清演播室、首次采用北斗卫星导航系统等多项突破。在一次次技术攻关、一次次项目实践中，锻炼培养了一大批创新型的科技人才和技能人才。

年轻的京张高铁研发团队

2. 高质量建设技能大师创新工作室。完善工作室评选和管理机制，充分发挥技能领军人才在创新攻关、技艺传承、人才培养等方面的关键作用。全集团共建成技能大师工作室 215 个，其中有 11 个全国示范性劳模创新工作室、34 个国家级技能大师工作室、68 个省部级技能大师工作室。李万君大师工作室是高铁焊工人才的训练营，10 多年来，共组织集中培训 600 多期，培训焊工超过 2.5 万人次。苏健大师工作室是创新创效的开路者，主持编制了《高速动车组数控弯管角度回弹补偿数据库》，实现了高速动车组制动管路的互换性装配和批量生产，填补了行业空白。张雪松大师工作室是技术改革的攻坚队，完成技术革新 109 项，改进进口工装设备技术缺陷 20 多项，在智能制造项目技术改进、智能制造项目机器人程序优化等方面作出突出贡献。

3. 大力实施岗位实践创新。完善创新成果征集、评审、奖励等举措，建立健全以技术攻关、创新创效为导向的岗位实践机制。鼓励科技人才、拓宽技能人才参与企业技术创新、工艺攻关，在集团公司、子公司的科技创新、管理创新等专业奖项评选中，专门设置技能人才序列。重点扶持技能领军人才带头申报、参与企业重大重点科技项目，促进技能成果的创造与转化。连续 4 届组织技能人才参评集团科学技术奖，技能人才累计获得国家科学技术进步奖二等奖 1 项，集团公司一等奖 1 项、二等奖 12 项、三等奖 38 项。制定先进操作法评选表彰工作办法，深化先进操作技能的总结固化与推广移植，将首创且处于领先地位的先进操作法以员工或团队命名，积极推广应用先进操作法，变一人之技为群体之技，充分激发技能人才的创新潜力、创造活力。

4. 创新开展“一联一带”高端人才结对活动。加强科研和技能人员的沟通协作，推动高技能领军人才参与前沿技术研究。中车首席技能专家罗昭强与中车科学家常振臣博士结成对子，共同开发了“新型时速200公里城际动车组网络控制系统”和“波士顿地铁模拟装置网络系统”，特别是罗昭强大师工作室创造的“高速列车整车调试环境模拟技术及应用”荣获国家科学技术进步奖二等奖。随着“一联一带”高端人才结对活动的深入开展，由“企业主导促成结对”发展为“高端人才主动结对”的常态化模式，由“人才联合”发展为“站站联合”的创新型模式，推进不同工作室之间联合攻关、协作发展、团队创新。

（六）精准激励，激发人才动力活力

1. 提高科技人才薪酬竞争力。制定实施科技人才薪酬激励办法，规范不同层级科技人才薪酬水平与职工平均工资的倍数关系，提升科技人才薪酬市场竞争力。首席科学家薪酬水平原则上不低于所在企业正职，科学家、首席专家、资深专家薪酬水平不低于同层级人员的1.35倍、1.25倍、1.15倍。要求1%的科技人员平均工资达到本企业在岗职工平均工资的4.5—5.5倍，3%的科技人员达到在岗职工的3.5—4.5倍，5%的科技人员达到在岗职工的2.5—3.5倍。通过延迟退二线、退休以及退休返聘等，充分发挥核心科技领军人才作用。四方股份公司建立“双因四驱”分配模型，通过“岗位价值+个人能力+组织绩效+个人业绩”综合评价，同层级科技人员收入差距最高达3.2倍。长客股份公司对科技人才实行“预算保底，差异分配，考核发放”的激励模式,3名中车科学家年收入可破百万元。

2. 提升高技能人才待遇。系统开展技术工人培养、考核、使用、待遇相统一的激励机制，突出岗位贡献，实现多劳多得、技高

多得。对取得国家职业技能等级并被公司聘用的高级工、技师、高级技师和职业发展层级 L6 及以上的技术工人给予岗位加档、津贴发放、绩效工资调增等。首席技能专家薪酬可达所在企业总助级水平，资深技能专家可达所在企业中干水平。对获得中华技能大奖、全国劳动模范等荣誉的技术工人给予重奖。

3. 综合运用多种激励方式。制定实施中长期激励 2023—2025 年行动方案，在 100 余家子公司推进实施中长期激励计划，涵盖岗位分红、股权出售、混改员工持股、科技成果转化奖励和股权跟投、科创板上市员工配售等多样化的激励方式。将核心技术攻关团队和骨干科技人才作为重点激励对象，激励人才近 5000 人，增强对骨干人才的“磁吸效应”。健全完善人才荣誉及成果奖励体系，在各类荣誉称号评选表彰中，注重扩大科技人才、技能人才和创新团队的评选比例，提高产业工人队伍的荣誉感。

三、经验启示

人才是实现民族振兴、赢得国际竞争主动的战略资源。要实现高水平科技自立自强、推进高质量发展，就必须更加重视人才自主培养，坚持深化人才发展体制机制改革，全方位培养用好人才，加快建立人才资源竞争优势。

1. 坚持和加强党的领导是做好人才工作的根本原则。只有坚持党的领导，才能确保人才工作思路与习近平总书记指示要求、与党中央决策部署相一致。中国中车发挥国有企业党建优势，建立了党委统一领导、干部和人力资源部门牵头抓总、职能部门各司其职、各级党群组织密切配合的人才工作格局，确保了人才工作的正确方向。

2. 文化育人是培养高素质人才的内在需要。用优秀的文化影响人、塑造人是企业文化的发展之本。将中车特色的红色文化融入人才培养的全过程，弘扬高铁工人精神，涵养培育工匠精神，铸匠魂、提匠能、强匠造、育匠人，塑造员工精益求精、创新创造、追求卓越的精神品质，以匠心筑梦、以匠艺强企、以匠能强国。

3. 项目实践是激发人才活力的重要举措。创新驱动本质上是人才驱动，人才是创新的第一资源。核心技术自主可控，长远看是核心科技人才自主可控。高铁由引进、消化、吸收、再创新到自主创新，关键在于靠人才力量实现核心技术突破，凸显了自主创新的重要性。中车以项目实践为平台，在技术攻关中造就科技领军人才；以工作室为纽带，在生产实践中培育大国工匠；以岗位实践创新为导向，持续激励科技、技能人才提升自我、创新创造。

4. 机制完善是培养创新型人才的根本保障。在人才队伍建设中，必须把促进人才健康成长、支持人才创新创造作为出发点和着力点。中车从人才培养的顶层设计着手，把握人才发展规律，深入研究关于人才工作的各项政策制度，通过不断完善人才引进、通道设计、培养开发、岗位实践、项目锻炼、激励保障等机制，有效激发了科技、技能人才在推动高铁事业发展中的创新创造活力。

思考题

1. 结合本案例和工作实际，谈谈人才队伍建设与创新发展的关系。

2. 结合本案例，谈谈在国有企业中如何打造各类人才队伍。

传承西迁精神
到祖国最需要的地方建功立业

——西安交通大学创新性推动教育科技人才高质量发展

【引言】2020 年 4 月，习近平总书记在陕西考察期间来到西安交通大学，亲切会见了 14 位西迁老教授，参观了西迁博物馆，指出西迁精神的核心是爱国主义，精髓是听党指挥跟党走，与党和国家、与民族和人民同呼吸、共命运，具有深刻现实意义和历史意义。习近平总书记勉励广大师生不忘初心、牢记使命，继续发扬西迁精神，到祖国最需要的地方建功立业，把西迁精神一代代传承下去。

【摘要】20 世纪 50 年代，一批交大人响应党和国家的号召，从黄浦江畔搬到渭水之滨，打起背包就出发。从上海迁至西安，书写了一段波澜壮阔的历史。交大西迁博物馆内，2000 余件展品、图片，正是那段历史的见证。

作为孕育了西迁精神的知名学府，西安交通大学始终扎根西部高质量建设中国特色世界一流大学，服务国家战略和经济社会高质量发展，把爱国奉献、赤诚报国的情怀转化为建设“扎根西部、服务国家、世界一流”大学的新思路、新举措、新作为。一是坚持听党指挥，全面贯彻落实习近平总书记指示批示精神。强化理论武装，坚持不懈用党的创新理论凝心铸魂。完善工作机制，教育引导广大师生听党指挥跟党走。加强党的建设，筑牢坚持党对高校全面领导的政治基石。二是坚持立德树人，引导学生自觉奔赴中西部建功立业。善用“大思政课”，推动思政课程与课程思政同向同行。完善“三全育人”，推动“一站式”学生社区内涵建设。深化“双院协同”，推动书院管理和学院培养有机融合。三是坚持自主创新，着力破解关键技术“卡脖子”难题。深化基础研究，突破关键技术瓶颈。建设创新高地，激发科技创新潜力。打造前沿学院，培养创新人才。四是坚持产教融合，推动教育科技人才事业高质量发展。推动校企融合，建立“四主体一联合”研究中心。创新产教联合，实施“双导师”联合培养模式。着眼国际视野，发起成立“丝绸之路大学联盟”。西迁精神是一笔弥足珍贵的精神财富，是中国共产党人精神谱系的重要组成部分。

【关键词】西迁精神　知识分子　创新性传承　建功立业

一、背景情况

1955年，党中央、国务院从国家战略布局需要出发，作出了交通大学内迁西安的决定。从黄浦江畔到渭水之滨，交大师生舍小家为大家，打起背包就出发，满怀豪情建设大西北。1956年8月，6000多名师生员工手持着印有“向科学进军，建设大西北”的粉色乘车证奔赴黄土地，用满腔情怀和热血铸就了波澜壮阔的西迁史诗。交大西迁不仅为西部发展奠定了深厚扎实的科教基础，更激励一代代西迁人埋头苦干、勇毅前行，始终秉承爱党、爱国、爱人民的高尚情怀，不断续写到祖国最需要的地方建功立业的新篇章。

党的十九大以来，习近平总书记多次对西迁精神给予高度评价。2017 年 11 月，15 位西安交通大学西迁老教授在认真学习党的十九大报告后，给习近平总书记写信，提出知识分子弘扬奉献报国精神的建议。很快，习近平总书记对西安交通大学老教授来信作出回复，并在 2018 年新年贺词中再次提到西安交大西迁的老教授，指出幸福都是奋斗出来的。2020 年 4 月，习近平总书记在西安交通大学考察时提出，西迁精神的核心是爱国主义，精髓是听党指挥跟党走，与党和国家、与民族和人民同呼吸、共命运，具有深刻现实意义和历史意义，勉励广大师生大力弘扬西迁精神，抓住新时代新机遇，到祖国最需要的地方建功立业，在新征程上创造属于我们这代人的历史功绩。

党的二十大报告首次将教育、科技、人才一体规划部署，强调“教育、科技、人才是全面建设社会主义现代化国家的基础性、战略性支撑”。高等教育作为实践教育强国、科技强国和人才强国的重要堡垒，如何更好担负起新时代赋予的新使命，是所有“双一流”建设大学必须首先回答的时代命题。

西安交大牢记习近平总书记的殷切嘱托，以西迁精神为动力引领，以立德树人为根本任务，以“质量、成效、特色、贡献”为价值导向，将西迁精神的丰富内涵转化为推动学校高质量发展的实际行动。在西迁精神滋养下，学校扎根中国大地办大学，在听党指挥、立德树人、自主创新、产教融合上持续下功夫，使学校党的建设、人才培养、科学研究、社会服务、创新港建设等各项事业均保持良好发展态势，办学实力、社会影响力显著提升，书写了中国特色世界一流大学建设的实践新篇。

二、主要做法

作为孕育了西迁精神的知名学府，西安交大深入贯彻落实习近平总书记重要讲话精神，坚持听党指挥跟党走，以立德树人为根本任务，始终在服务教育强国、科技强国、人才强国建设中把握战略定位、谋划发展方向、服务国家需求、勇担时代使命，以实际行动服务中华民族伟大复兴。

（一）坚持立德树人，引导学生自觉奔赴中西部建功立业

立德树人是教育的根本任务。西迁伊始，西安交大即树立以“红透专深”，努力多培养几个“钱学森”的光荣志业；新时代西安交大坚持以理想信念教育为核心，以践行社会主义核心价值观为主线，以完善全员全过程全方位育人体制机制为关键，充分发挥西迁精神政治引领、文化感召作用，引导学生自觉奔赴中西部建功立业。

1. 善用“大思政课”，推动思政课程与课程思政同向同行。学校率先开设习近平新时代中国特色社会主义思想概论课、西迁精神与大学文化思政选修课，大力推进西迁人、西迁故事和西迁精神网络慕课资源建设，累计入选国家级一流本科课程 129 门。积极开展第二课堂课程思政建设，构建“馆—研—展—教”研究传承矩阵，开展国家社科基金重大委托项目研究，出版 60 余种西迁主题图书。组建院士、领导干部、专家学者、辅导员、团干部、学生骨干六级

宣讲体系，成立交通大学青年宣讲团和陕西高校宣讲联盟等，累计建设20余个理论宣讲基地，发布西迁精神主题宣讲课150余讲，举办线上线下宣讲活动近千场。成立学生理论宣讲社团，凝聚起100多人参与微宣讲实践，从田间地头到工厂车间、从边防军营到繁华都市，学生把党的声音带到祖国各个角落，吹响爱国奋斗的号角。交大西迁博物馆作为首批“大思政课”实践教学基地，开馆至今累计接待大中小学师生近60万人次。推出《绝不能失信于西北人民》等专题纪录片、微视频，创作原创话剧《追忆西迁年华——向西而歌》等西迁主题文艺作品，引导青年学子在文艺作品中感悟西迁精神，推动形成“大思政课”育人合力。

2.完善“三全育人”，推动“一站式”学生社区内涵建设。学校作为教育部“一站式”学生社区综合管理模式建设首批试点高校之一，不断推动干部教师进社区、理论宣讲进社区、关心关爱进社区、智慧服务进社区。完善“技术—制度—管理—服务”联动机制，打通多部门、多领域育人链条。推进“四个一百”育人行动，引导学生阅读百本经典、认识百位老师、听取百场讲座、参加百场活动。设立专项奖励金，表彰奖励到西部基层重点单位、艰苦地区就业的毕业生。

3.深化“双院协同”，推动书院管理和学院培养有机融合。在国内高校率先实行本科生书院、学院“双院制”培养模式。双院协同开展“学院党委书记进社区讲党课”，思政教师定期在学生社区开展西迁精神主题宣讲、名师大讲堂等。双院协同组织“实验室开放日”活动，每年组织学生参观国家级重点实验室在内的各类实验室、中心、平台40余个。尤其在新冠疫情期间，各学院书院联合部署，800余位班主任、学业导师全面响应，通过开展线上联席会、班会、学业辅导课、职业发展规划课、点对点串讲答疑等强化学生教育引导。

（二）坚持自主创新，着力破解关键技术“卡脖子”难题

科技自立自强是国家发展的重要战略支撑。西迁人秉承“向科学进军”使命投身西北创业，新时代西安交大人牢牢把握科技创新发展的历史方位，建设中国西部科技创新港，勇攀高峰，努力践行科技自立自强，为中国西部高等教育、科技创新事业高质量发展作出重要贡献。

1. 深化基础研究，发挥学科交叉优势。学校坚持“理科补短强基、工科育新强优、医科交叉强质、文科经典强用”建设思路，夯实基础学科建设，加强应用学科建设，推动学科交叉融合。基础研究方面，学校共有 16 个学科进入基本科学指标数据库（ESI）学科排名前 1%，4 个学科进入 1‰，1 个学科进入前 1‱。在第二轮“双一流”建设高校及建设学科名单中，学校 8 个学科入选。学科交叉方面，学校信息与生物医学交叉团队构建了中国汉族人的单倍型基因组 HJ-H1 和 HJ-H2，填补了国际标准人类参考基因组中相关缺口，为破解人类基因组中的“未竟之地”贡献了中国智慧。对于这个平均年龄不到 35 岁的科研团队来说，凝聚起他们的不仅是干事业的环境，还有西迁精神所彰显的爱国奋斗、敬业奉献的使命责任。

2. 建设创新高地，激发科技创新潜力。学校以“国家使命担当、全球科教高地、服务陕西引擎、创新驱动平台、绿色智慧学镇”为目标建成投入运行中国西部科技创新港，在理、工、医、文 4 大方向建立了 8 大平台、29 个研究院和 300 多个科研平台，如今成为陕西秦创原创新驱动平台建设的总窗口。学校坚持基础

中国西部科技创新港

研究、原始创新“顶天”，遴选成立 8 个“从 0 到 1”的前沿研究中心，设立基础研究原始创新引导专项，创造长周期科学研究的条件保障；坚持应用研究、转移转化“立地”，强化有组织科研，探索实行“揭榜挂帅”新型科研组织模式，形成跨学科、跨单位的协同创新团队。积极承担国家重点研发计划、国家科技重大专项等重点项目，着力提升解决“卡脖子”难题能力。在 2020 年度中国科学 10 大进展中，西安交大主持和参与研发的“具有超高压电性能的透明铁电单晶”“嫦娥五号首次实现月面自动采样返回”等两项入选。

3. 打造前沿学院，培养科技创新人才。学校整合传统学科资源，优化学科布局，打破学科专业壁垒，成立现代产业学院、未来技术学院。其中，现代产业学院主要面向人工智能、储能科技、智能制造等国家高精尖欠缺的人才需要，与企业共同探索校企联合科研攻关与协同育人新范式，构建完善以科技创新和实际应用为导向的复合型高层次创新人才培养体系。未来技术学院以“四个面向”为引领，致力于面向未来5年的前沿性、革命性、颠覆性的新方向、新专业、新学科，以“X+人工智能”、未来能源及储能、医工融合、综合前沿等方向为起点，实现未来技术创新突破和拔尖人才培养。

（三）坚持产教融合，推动教育科技人才事业高质量发展

产学研深度融合是创新驱动发展的核心内容，也是推动教育科技人才事业高质量发展的“关键一招”。交通大学西迁以建设大西北、服务国家西部工业布局为核心使命，新时代西安交大开启“二次西迁”重大航程，依托中国西部科技创新港，坚持教研一体、产教融合、协同育人，努力服务陕西的国家级“双中心”建设，为西部大开发新格局的形成贡献智慧和力量。

1. 推动校企融合，建立“四主体一联合”研究中心。学校依托中国西部科技创新港建设，深入实施“产教融合、协同育人”创新工程，构建产学研深度融合新模式，即成立由企业作为创新决策、研发投入、科研组织和成果转化四方面主体的校企深度融合新型研发中心，推动创新链到产业链的一体化布局。学校和企业坚持围绕产业链部署创新链，校企开展联合攻关；围绕创新链布局产业链，推动高校科技成果转化；协同推动共性技术研发共享，实现创新链和产业链融合。截至2023年6月，学校已累计征集可转化科技成果1100余项，梳理专利及非专利存量技术成果3万余项，建立了西安交通大学成果清单。

2. 创新产教联合，实施“双导师”联合培养模式。为了推动学校培养出的研究生更适合企业需求，学校积极探索“双管理、双首席、双导师”的联合人才培养模式。形成了“科学家＋工程师”联

合团队，发挥了企业“出题人”作用，建立了应用牵引基础研究机制，打通了基础研究、应用基础研究、应用研究到产业研发的科技创新链，在联合攻关中培养创新人才，解决企业“卡脖子”难题。截至2023年，学校校企联合研究平台近200个，成功组建一支近50人的职业化科技经纪人队伍，成为促进“政产学研用金”深度融合的核心力量。

3. 着眼国际视野，发起成立“丝绸之路大学联盟”。学校于2015年发起成立丝绸之路大学联盟。成立以来，共有来自38个国家和地区的160余所高校加入并开展了多元交流合作。近年来，学校进一步实施丝绸之路大学联盟升级行动，拓展联盟新功能，高质量推进教育、文化、科技、产业、医疗等全方位交流合作，成为共建“一带一路”国家和地区人文交流的重要合作平台。联盟联合国

西安交通大学与新南威尔士大学、伯明翰大学合作的微纳制造与测试技术国际合作联合实验室招收的泰国留学生（右）在导师（左）指导下进行实验

内行业领军企业，打造企业主导的产学研深度融合的产业区域发展联盟，服务共建国家和地区经济社会发展。

三、经验启示

新时代以来，西安交通大学贯彻落实习近平总书记的重要指示精神，积极弘扬和传承西迁精神，将爱国奉献、赤诚报国的情怀转化为建设“扎根西部、服务国家、世界一流”大学的新思路、新举措、新作为，在坚定政治方向、全面立德树人、服务国家建设方面积累了丰富经验。

1. 挖掘西迁精神时代内涵，激励知识分子听党指挥跟党走。习近平总书记指出：“我国知识分子历来有浓厚的家国情怀，有强烈的社会责任感。”西安交大积极挖掘和传承西迁精神新时代内涵，以“听党指挥跟党走”为政治方向，以“与党和国家、与民族和人民同呼吸、共命运”为行动路径，以“在新征程上创造属于我们这代人的历史功绩”为根本要求，号召广大知识分子为党和国家事业贡献智慧和力量。将弘扬西迁精神与党史学习、主题教育紧密结合，持续开展“走中国青年知识分子成长的正确道路”研修活动，引导师生争做“西迁精神新传人”，在新的历史起点上“心怀大我”，始终与党和国家同向同行，为党和国家事业奋斗终身。

2. 善用西迁精神丰富资源，不断开辟立德树人工作新局面。高校立身之本在于立德树人。西安交通大学始终将立德树人作为根本任务，教育和引导广大学子从西迁精神的丰富资源中汲取前进力量，培养担当民族复兴大任的时代新人。学校牢牢把握思政工作生命线，不断健全“三全育人”“五育并举”工作机制，通过建设“研究式”理论课堂、“主旋律”实践课堂、“全景式”数字课堂、“亮剑式”论坛课堂，全方位盘活西迁精神各类资源。尤其学校着力打造党建引领、知行兼修、师生共处、因材施教的“一站式”学生社区，为党和国家培养杰出的社会主义建设者和接班人。

3. 激发“西迁传人”奋斗精神，更好服务国家经济社会发展。高质量发展是全面建设社会主义现代化国家的首要任务。从支援西部建设到扎根西部办学，西安交通大学始终为西部发展和国家建设贡献力量。西迁以来，学校高扬爱国奋斗旗帜，竭尽心力为国家建设培养工业化人才，西迁后的前 10 年学校培养毕业生 1 万余人，相当于新中国成立前交通大学 53 年培养人才数量的总和。党的十八大以来，学校继续从西迁精神中汲取奋斗力量，鼓励师生着力破解关键核心技术的“卡脖子”难题，以产学研深度融合为依托融入地方经济社会高质量发展，坚持以陕西秦创原创新驱动平台为依托，发挥中国西部科技创新港“总窗口”作用，促进创新链、产业链、资金链、政策链互动融合。

思考题

1. 结合案例和实际，思考如何更好将西迁精神等中国共产党人的精神谱系进行创新性传承。

2. 新征程上，如何让创新人才扎根祖国最需要的地方建功立业？

3. 建设教育强国，龙头是高等教育。高等教育的龙头地位体现在哪些主要方面？如何发挥高等教育龙头作用、带动教育强国建设？

构建党管人才工作新格局

——山东以“四个清单”为抓手推进党管人才原则落细落实

【引言】习近平总书记强调，坚持党对人才工作的全面领导，是做好人才工作的根本保证；要完善党委统一领导，组织部门牵头抓总，职能部门各司其职、密切配合，社会力量广泛参与的人才工作格局。这为我们做好新时代人才工作指明了方向。2023 年第 19 期《求是》杂志发表习近平总书记的重要文章《推进中国式现代化需要处理好若干重大关系》。文章指出，要深化各方面体制机制改革，充分释放全社会创造潜能，鼓励科学家、企业家、文艺家等各方面人才特别是青年人才创新、创造。

【摘要】当今世界正经历百年未有之大变局，当代中国正处于实现中华民族伟大复兴的关键时期，各国之间围绕科技制高点和高端人才的竞争空前激烈，人才的极端重要性愈显突出。面对新时代人才工作的新形势新要求，如何更好发挥党管人才的政治优势，如何“握指成拳”调动各方面力量形成人才工作合力，如何有效推动人才支撑高质量发展等，成为摆在面前的“必答题”。

为破解这些问题，山东省创新建立工作机制、机构编制、人才政策、目标任务“四个清单”，推进党管人才任务具象化，实现责任落实有制度、工作协同有支撑、发展生态有保障、人才成效有导向，构建起了适应新时代人才发展规律的党管人才工作新格局，不断把党的政治优势、组织优势转化成人才发展优势，为建设世界重要人才中心和创新高地的重要承载区、推进中国式现代化山东实践提供坚强支撑。

【关键词】党管人才　“四个清单”　人才集聚　人才引领发展

一、背景情况

当前，我国踏上了全面建设社会主义现代化国家、向第二个百年奋斗目标进军的新征程，人才越来越成为推动经济社会发展的战略性资源。对山东来说，扛牢“走在前、开新局”的重大使命，建设绿色低碳高质量发展先行区，人才是关键要素，必须把人才资源开发放在最优先位置。

近年来，山东省高度重视人才工作，认真落实党管人才原则，将人才工作摆在突出位置来抓，谋划实施人才兴鲁战略，大力推进人才引育创新，着力打造广大人才向往奔流之地。进入新时代，人才工作出现一些新情况新变化，人才与教育、科技一起作为全面建设社会主义现代化国家的基础性战略性支撑，这就要求人才工作必须更加统筹、更加系统、更加前瞻；高水平科技自立自强的迫切需要，要求人才工作必须更加突出问题导向、需求导向和结果导向。但从山东省的现实情况来看，人才工作推进中遇到了一些深层次问题迫切需要解决，有的地方和单位对人才资源的基础性、战略性、决定性作用缺乏足够认识，还没有把人才这一“第一资源”摆到应有的位置；有的工作机制不健全，配套政策缺位，人才发展生态不够优化；有的人才结构不合理，高精尖和产业人才“短板”突出……与推进中国式现代化山东实践的客观需求相比，这些都是亟须加强的薄弱环节。

面对新情况新问题，山东省认真落实中央人才工作会议和全国组织工作会议部署，强化问题导向，以加强党对人才工作的全面领导为牵引，制定实施关于完善党管人才工作体系和推进机制的若干措施，着力构建适应新时代人才发展规律的党管人才工作新格局，推动新时代山东人才工作取得新进展新成效。

二、主要做法

山东省建立工作机制、机构编制、人才政策、目标任务“四个清单”。从工作机制清单入手抓“责任”，不断强化上下贯通的党管人才领导体系；从机构编制清单入手抓“协同”，有效凝聚各方人才发展合力；从人才政策清单入手抓“生态”，着力打造系统集成、整体最优的人才生态环境；从目标任务清单入手抓“效能”，加快形成目标引领、内生驱动的高位推进机制，以更高工作标准、更强制度供给、更优氛围环境推动人才工作实现新突破。

（一）聚焦优化机制抓“责任”，党管人才体制更健全

为改变过去对人才工作重视不够、省市县三级工作力度不均衡、人才工作机制不健全等问题，山东省通过建立工作机制清单，推动各级党委从经济社会发展全局出发，把人才工作摆在突出位置，确立人才引领发展地位，科学制定任务措施，及时解决人才发展中的重大问题，重点抓好全局性问题调研、综合性政策论证、跨部门工作统筹等。

1. 突出人才工作战略地位。2020 年山东省成立由省委书记、省长任“双组长”的省委人才工作领导小组，由 6 位相关省领导担任副组长、29 个省直部门单位主要负责同志担任成员，高规格研究推进全省人才工作。2022 年省第十二次党代会闭幕不久，省委召开人才座谈会，听取院士专家意见建议，深入研究加快人才强省建设相关举措。2016 年以来，陆续出台人才改革 22 条、人才支撑新旧动能转换 20 条、新形势下引才用才 18 条、人才兴鲁 32 条、加强和改进新时代山东人才工作 30 条等一系列人才工作政策文件，颁布《山东省人才发展促进条例》，搭建起人才制度体系的“四梁八柱”。

2. 完善各级各部门齐抓共管的工作体系。推动省委人才工作领导小组成员单位、16 个市和 136 个县（市、区）、157 个省级以上开发区以及 178 个省属高校、科研院所、卫生医疗机构、国有企业等重点用人单位，全部建立党的人才工作领导小组。省委人才办会同省教育厅、省科技厅、省商务厅、省卫生健康委、省国资委等主管部门和各市党委人才办，分级分领域建立领导小组运行情况报备制度，将党管人才原则落实情况和人才队伍建设情况纳入巡视工作

2022 年 11 月，山东省举办第二届山东人才创新发展大会

规划，指导督促各级各单位完善领导小组运行机制，常态化研究推进人才工作。

3. 建立健全“一把手”抓落实制度机制。为推动各级各单位“一把手”抓“第一资源”有效落地，从 2020 年起，山东省每年面向各市和县（市、区）、开发区、重点用人单位组织实施党委书记人才工作项目，通过建立“书记选题、领衔攻坚”机制，推动党委（党组）书记带头下沉一线了解情况，亲自研究谋划解决重大问题，集中资源力量推动人才引育创新。截至 2023 年底，已连续实施 4 批共 1359 个项目，形成了一批人才工作创新成果和可复制可推广的经验做法。为加大国际人才交流合作力度，胶州市发挥中国—上海合作组织地方经贸合作示范区国际化程度高的优势，连续 3 年将“建设上合国际人才交流合作重要枢纽”作为党委书记人才工作项目，在胶州建设上合组织国家青年人才创业中心，常态化举办“百家科创企业和百名高层次人才”上合系列行动，引进外籍高层次人才 47 名。

（二）聚焦强化力量抓“协同”，人才工作合力更强劲

人才工作是系统工程，必须把各方面、各层次的积极性都调动起来。过去一些地方和部门存在思维定式，认为人才工作只是组织、人社等部门的事，跟自己关系不大，没有把行业系统人才队伍建设当作自身业务职能来抓，各方面工作力量协同不够。人才工作没有专业专职的工作力量，就容易陷入“说起来重要、做起来次要、忙起来不要”的局面。山东省从机构编制入手，推动各级各部门进一步厘清人才工作职责、配齐配强人才工作力量，持续完善人才工作市场化社会化支撑体系，确保工作任务落实有专业机构、有专职人员，健全完善了“纵到底、横到边”的人才工作网络体系，有效凝聚各方人才发展合力。

在党委、政府人才工作机构力量配置方面，制定省委人才工作领导小组成员单位人才工作职责清单，在省委组织部、省科协、省教育厅、省科技厅、省工业和信息化厅、省人力资源社会保障厅、省卫生健康委等单位设立专门人才工作处室，省委编办明确其他成员单位职能处室人才工作职责，带动市县两级、开发区以及省属高校、科研院所、国有企业、卫生医疗机构等重点用人单位优化人才工作机构设置，选优配齐专职人才工作力量，省市县、开发区和重点用人单位专职人才工作力量达到 2185 人。其中，省委组织部将人才工作处分设为人才工作一处、二处，强化了人才工作牵头抓总职责；省工业和信息化厅新设立产业人才处，统筹

推进产业人才队伍建设，开展人才引领型企业培育，首批遴选培育浪潮集团等15家企业，先后吸引集聚国家级、省级领军人才200余人，具有中国500强企业履历的高层经营管理人才788人。聚焦教育、科技、人才一体化部署的要求，探索建立省委人才工作领导小组、省委教育工作领导小组、省委科技委员会协同机制，建立3个领导小组（委员会）办公室及产业主管部门定期会商制度，梳理教育、科技、人才、产业需相互协同事项清单，围绕更好支撑中国式现代化山东实践，推动各领域工作理念协同、目标协同、规划协同、行动协同。

针对过去人才链、教育链、产业链、创新链各自成链，运行过程相对独立，部门间衔接配合不够等问题，山东建立人才链、教育链、产业链、创新链融合发展工作机制，面向海洋、先进制造、现代农业、生命科学、哲学社会科学5大优势领域，推动形成产业主管部门牵头、教育科技人社等要素保障部门支撑的“四链”融合工作推进格局。聚焦各领域重点企业、高校、国家级和省级创新平台，部门协同开展解剖麻雀式的解链行动，形成产业问题清单，提出针对性强的融合发展计划，共梳理确定5大领域448家重点单位，征集人才引进、培养供给、技术攻关等各方面需求4.3万个；实施关键技术攻关和企业技术问题解决“揭榜挂帅”升级版，跨部门、跨地区、跨行业、跨体制组织力量开展技术攻关，解决技术难题245个，推动了企业、创新平台、重点项目、领军人才一体布局、一体发展。

做好新时代人才工作，市场社会力量广泛参与至关重要。山东坚持将党管人才与市场机制相融合，积极探索构建人才工作市场化社会化治理体系。2022年6月，依托山东省干部学院设立“山东省人才之家”，由党委、政府牵头，整合各社会组织、人才研究智库等方面的资源力量，为高层次人才和重点用人单位提供人才研修培训、政策咨询、对话交流、资源对接、宣传推介等服务。2021年4月，挂牌成立省级人才集团——山东人才发展集团。集团成立以来，积极发挥居间平台和桥梁纽带作用，围绕海内外高层次人才供给端和全省产业发展需求端精准发力、高效匹配，先后引进高层次人才2000余名。2020年10月，与山东大学合作共建山东省人才发展战略研究院，先后举办人才发展战略论坛、人力资源与人才创新发展国际研讨会等活动，凝聚省内外一批专家共同开展人才发展战略研究，为省委决策提供科学参考。2015年8月，由省内各类高层次人才和高等学校、科研院所、医疗卫生机构以及骨干企业等重点用人单位共同发起成立山东省高层次人才发展促进会，近两年来举办论坛沙龙、学术交流、产才对接等活动105次、高层次人才基层行50余次，推动高层次人才创业项目实现股权融资9.3亿元，服务127个创业项目落地。

（三）聚焦政策牵引抓“生态”，人才创新创业磁场更强大

发挥党管人才政治优势的重要一点，是要大胆破除各种束缚人才发展的陈旧思想观念和落后管理机制，扫除阻碍人才发展的各种“拦路虎”“绊脚石”，建立健全充满生机活力的人才发展体制机制，为各类人才施展才华提供更多发展机遇和更大发展空间。针对人才政策碎片化、集成效应不突出等问题，山东省强化人才政策的系统谋划，深化人才体制机制改革创新，全力打造一流人才发展生态。

1. 突出“最优加一点”，推进人才政策集成创新。对分散在各

山东省农业科学院举办农业科技成果拍卖会

个部门、多个文件中的人才政策进行系统性归集，梳理建立全省重点人才政策清单，打造涵盖人才支持、人才引进、人才服务、人才表彰奖励等各方面的“人才政策池”，整合各方面政策资源，形成系统集成的联动效应。建立人才政策定期更新发布机制，打造“齐鲁人才政策字典”，推动人才政策按需精准推介到每位人才，实现“应知尽知”“应享尽享”。特别是围绕在优势特色领域、人才关注领域、急需紧缺领域保持比较优势，建立人才政策“最优加一点”机制，加强人才政策对标比较，近两年来各级各部门共优化提升人才政策 265 条，有效提升了人才政策的竞争力。例如，主动适应全省高质量发展需求，打造覆盖人才成长发展全链条的泰山人才工程支持体系，已有 193 人累计获得 10 年以上持续稳定支持，最长支持达到 19 年。再如，省市连续多年联动举办高层次人才创新创业大赛，对海外人才实行“即引、即认、即支持”机制，2020年以来吸引集聚3.9万余名海外人才到山东创新创业。

2. 以激发活力为核心，深化人才体制机制改革。近年来，山东省聚焦体制不顺、机制不活、布局不优、效率不高等问题，打破束缚人才发展的制度藩篱，释放和增强人才活力。创新实施高层次人才职称评审“直通车”制度、基层职称“定向评价、定向使用”制度，开展大数据工程、快递工程、工业互联网等新职业新职称评审，同时在科研经费包干制、流动编制、协议工资年薪制、科技成果转化收益分配等方面开展系列政策创新，有效激发了人才发展活力。例如，近年来山东省涌现出一批技术转移机构、孵化器等科技成果转化相关服务机构，聚集了一批从事技术转移转化服务工作的人才。但作为“新职业人群”，他们没有合适的职称晋升渠道。针对此问题，山东省创新设置“技术经纪”专业职称，从事技术成果转化工作10余年的李晓军，成为山东省技术经纪专业高级职称“第一人”。

此外，山东省还推动人才培养模式变革，坚持“人才、平台、项目”一体化，全力推进科教、产教融合育人，探索建设一批高校牵头、科研机构和企业参与的产教融合育人共同体，精准培育符合科技创新和产业发展需求的高素质人才。例如，在农业人才培养方面，由山东农业大学牵头，联合中国农业大学、中国农业科学院、山东种业集团等，依托小麦育种全国重点实验室等高能级平台，建设作物智能育种、农业碳中和等一批新兴交叉学科，加快推动农业领域人才自主培养能力提升。

3. 紧盯人才“关键小事”，全面优化人才服务。山东省积极构建省市县三级协同的人才服务体系，推出包括出入境和居留、子女入学、社会保险等29项绿色通道服务的“山东惠才卡”，截至2023年底已有9300余名高层次人才通过“山东惠才卡”享受便利化服务。探索将“人才找政策”转变为“政策找人才”，利用互联网平台和大数据手段推行“无形认证”“免申即享”机制，2023年通过“零跑腿”“无感化”等方式落实人才支持资金43.41亿元，极大提高了人才获得感。注重金融赋能人才发展，探索建立以“人才贷”“人才险”“人才板”为主要内容的金融支持体系，为人才创新创业保驾护航。其中，在齐鲁股权交易中心和青岛蓝海股权交易中心2家区域性股权市场设立“人才板”，使之成为人才企业对接资本市场的专用通道。近年来，累计挂牌企业196家，实现融资5.22亿元。

在齐鲁股权交易中心设立“人才板”

（四）聚焦目标引领抓“效能”，人才支撑高质量发展更坚实

服务经济社会高质量发展，是人才工作的根本出发点和落脚点。山东强化人才工作目标导向，紧紧围绕全省重大战略实施，对人才强省建设总体目标进行宏观谋划和任务分解，从 4 个方面梳理 23 项能够体现“十四五”期间全省人才工作总体进展和成效的目标任务，既包含以济青人才集聚平台和各市人才集聚节点为核心的“2+N”人才发展格局构建，又包含人才队伍规模结构、战略人才队伍建设等人才引育成效目标，还包含人才发展平台环境、人才引领重点领域发展成效等目标任务。每项目标任务都明确关键目标结果，实现人才工作成效“可期许、可落地、可执行、可监测”。对这些目标任务，建立省级领导同志牵头超常规推进机制，明确 10 位省级领导同志领衔负责、带头研究、强力推进；同时逐项明确 13 家主责单位，实行清单化管理、项目化推进，有效推动工作落实。为进一步压紧压实工作责任，激发各推进主体内生动力，山东省注重发挥考核“指挥棒”作用，自 2010 年起面向各市实施人才工作目标责任制考核，同时逐步建立完善覆盖省属高校、科研院所、国有企业、卫生医疗机构等重点领域的人才工作差异化考核体系，推动实现比学赶超、争先进位。

在各级各部门单位共同努力下，全省人才资源总量超过 1500 万人，具有国内外影响力的顶尖人才达到 164 人，国家级领军人才达到 2100 余人，近两年累计吸引集聚青年人才超过 165 万人，人才流入态势不断增强，人才支撑科技自立自强、推动工业经济高质量发展、服务海洋强省建设、助力打造乡村振兴齐鲁样板等能力明

显增强。在支撑科技自立自强方面，济南量子研究院实现了光纤中 1002 公里点对点远距离量子密钥分发，创下光纤无中继量子密钥分发距离新世界纪录。在推动工业经济高质量发展方面，潍柴集团高热效率发动机开发团队，依托内燃机与动力系统全国重点实验室开展联合技术攻关，研发的柴油机本体热效率全球首次达到 52.28%，三度刷新世界纪录。在助力乡村振兴方面，山东省农科院研究团队培育出“济麦 44”，成为全国第一大超强筋小麦品种，2022 年以亩产 808.6 公斤的成绩刷新全国超强筋小麦高产纪录，有力解决了强筋小麦商品粮依靠进口的难题。

三、经验启示

2020 年 11 月，习近平总书记在全国劳动模范和先进工作者表彰大会上指出：“当今世界，综合国力的竞争归根到底是人才的竞争、劳动者素质的竞争。”面对人才工作的新形势新要求，山东省创新建立“四个清单”，推进党管人才任务具象化，在发挥党管人才的政治优势方面积累了经验。

1. 坚持把习近平总书记关于做好新时代人才工作的重要论述作为根本遵循，牢牢把握正确政治方向。党的十八大以来，以习近平同志为核心的党中央深刻阐述了新时代人才工作的一系列重大问题，开辟了我们党人才工作理论和实践的新境界，为我们做好新时代人才工作指明了方向。工作实践中，必须始终将习近平总书记关于做好新时代人才工作的重要论述作为解决一切人才工作问题的“金钥匙”，将坚持党对人才工作的全面领导作为做好新时代人才工作的根本保证，把党建引领落实到人才工作全过程各环节，确保人才工作始终沿着习近平总书记和党中央指引的方向前进，把强大的思想理论贯彻落实到有力有效的具体行动中。

2. 坚持系统观念、协同思维，积极构建党委统一领导、多方协调联动的工作格局。党的二十大对教育、科技、人才进行一体化部署、整体性推进。新时代人才工作的系统性和全局性更强，高地平台建设、战略人才力量引育、人才发展生态营造涉及经济社会发展方方面面，更需要党委和政府、各方力量密切配合、齐抓共管。工作实践中，必须深刻把握教育、科技、人才一体统筹推进的战略部署，在工作机制设计、工作力量调配、工作任务推进、政策措施制定、资源要素保障上注重增强教育、科技、人才的同频共振，充分激发各方面主动抓好人才工作的内生动力，形成推动高质量发展的耦合效应和倍增效应，构建党委领导下广泛凝聚政府、市场、社会等各方合力的“大人才”工作格局。

3. 坚持问题导向、需求导向和结果导向相统一，切实增强人才工作精准度、实效性。当前人才工作面临着新形势新任务，人才工作的内涵、逻辑和方式方法都发生了很大变化。只有坚持一切从实际出发，紧盯人才工作所需、人才集聚所需、事业发展所需，构建适应新时代人才工作特点的党管人才工作体制机制，才能开创人才工作新局面。工作实践中，既要着眼领导机制、工作力量等人才工作推进过程中的薄弱环节，也要紧盯体制机制、政策服务等人才关注的重点事项，还要聚焦支撑高水平科技自立自强、实现人才引领发展等实际成效，精准发力、有的放矢，着力建立起以问题破解带动工作突破的长效机制，不断推进党管人才工作走深走实。

4. 坚持更高站位、更优标准，全面提升新时代人才工作支撑引领水平。锚定“走在前、开新局”，实现人才强省建设的战略目标，需要拿出超乎寻常的决心、超常规的举措，才能在新时代人才强国建设中扛牢新担当展现新作为。工作实践中，必须树牢争先意识、强化一流标准，在工作谋划上要始终坚持“跳起来摘桃子”制定目标，在工作推进上时刻保持踏石留印、抓铁有痕的劲头，以人才工作的全面提标提质提速提效推动新时代人才建设实现跃升突破。

思考题

1. 结合本案例有关做法，谈谈对构建党管人才工作格局的认识。

2. 结合案例学习和本地本单位工作实际，谈谈在加强党对人才工作全面领导方面的启示。

3. 面对新时代人才工作的新形势新特点，在完善党管人才工作格局方面有哪些新要求新挑战？

勇于创新　将人才选用自主权授到位

——广东构建事业单位选人用人新机制

【引言】2021年9月，习近平总书记在中央人才工作会议上强调，人才怎样用好，用人单位最有发言权；当务之急是要根据需要和实际向用人主体充分授权，真授、授到位；必须积极营造尊重人才、求贤若渴的社会环境，公正平等、竞争择优的制度环境，待遇适当、保障有力的生活环境，为人才心无旁骛钻研业务创造良好条件，在全社会营造鼓励大胆创新、勇于创新、包容创新的良好氛围。

【摘要】党的十九届五中全会明确了到2035年我国进入创新型国家前列、建成人才强国的战略目标。进入全面建设社会主义现代化国家、向第二个百年奋斗目标进军的新征程，我们必须增强忧患意识，更加重视人才自主培养，加快建立人才资源竞争优势。

注重吸引和使用人才，引才政策就要符合实际，坚持需求导向。设置哪些岗位、招什么人、职称怎么评、薪酬如何分配，用人单位应当拥有更大自主权。近年来，广东省坚持向用人主体授权、为人才松绑，最大限度激发人才创新创造活力。出台《高水平大学建设人事制度改革试点方案》，向符合条件的用人单位授予自主引才、自主设岗、自主聘任、自主评价、自主定薪等5项自主权。修订《广东省事业单位公开招聘人员办法》，建立高层次和急需紧缺人才引进“绿色通道”。建立高层次人才专项编制周转池制度，引进人才700多名。率先完成新一轮27个系列职称制度改革，出台60个改革实施方案和标准，全省所有高校、高水平医院等近300家单位开展职称自主评审。推进公立医院、高校、科研院所、中小学等重点行业薪酬制度改革。支持科研机构实行绩效工资与科研合同收入挂钩的保障激励措施。优化事业单位绩效工资总量核定办法。

【关键词】事业单位　岗位招聘　职称薪酬　改革

一、背景情况

国家发展靠人才，民族振兴靠人才。必须看到，我国人才工作同新形势新任务相比还有不适应的地方。人才队伍结构性矛盾突出，人才政策精准化程度不高，人才发展体制机制改革还存在“最后一公里”不畅通的问题。

事业单位是提供公益服务的主要载体，推动创新发展的重要力量，增强综合国力的关键领域，凝聚思想共识的重要阵地，是各类人才的主要集中地。近年来，广东坚持以习近平新时代中国特色社会主义思想为指导，深入学习贯彻习近平总书记关于做好新时代人才工作的重要论述，全面贯彻落实中央人才工作会议部署要求，以加快建立政事分开、事企分开、管办分离的事业单位人事管理体制机制为目标，坚持放管结合并重，不断深化事业单位人事管理体制机制改革，持续面向事业单位下放人才选用自主权，按照规定，根据需要，结合实际向事业单位充分授权，真授、授到位。事业单位人事综合管理部门应该下放的权力都下放，事业单位可以自己决定的事情都由事业单位决定，努力破除人才培养、使用、评价、服务、支持、激励等方面的体制机制障碍，为人才松绑。加快形成有利于人才成长的培养机制、有利于人尽其才的使用机制、有利于人才各展其能的激励机制。通过完善制度规范，健全约束机制，充分发挥事业单位在人才培养、引进、使用中的主体作用，提高治理效能，为事业单位人才创新创造活力竞相迸发提供保障。

二、主要做法

千秋基业，人才为本。加强党对人才工作的政治引领，全方位支持人才、帮助人才，千方百计造就人才、成就人才，广东省面向事业单位实施人才改革举措，努力建设一支结构合理、素质优良的人才队伍。

（一）坚持放管结合并重，落实高水平大学 22 项选人用人自主权

为进一步激发高校人事管理活力，加强高校教师队伍建设，2016 年，广东省印发实施《高水平大学建设人事制度改革试点方

案》，以华南师范大学、华南农业大学、广东工业大学、广州中医药大学、广东外语外贸大学等5所高校为试点，以“一个加强”（加强事中事后监管）、“两个完善”（完善人员考核晋升及退出机制、完善服务保障机制）、“五个下放”（下放岗位设置、公开招聘、职称评审、薪酬分配、人员调配等5项人事管理权限）为出发点，落实高校选人用人22项自主权。例如，在岗位管理方面，由高校按规定自主确定结构比例，自主设定岗位任职标准并决定聘用人员；在职称评审方面，由高校自主制定正高及以下职称评聘标准条件，组建评聘机构及评聘专家库，自主开展评聘工作；在公开招聘方面，由高校自主研究确定公布招聘方案、自主组织考试（考核）、自主确定聘用结果并签订聘用合同；在薪酬分配方面，由高校自主确定绩效工资总量，自主确定基础性和奖励性绩效工资比例，自主确定具体分配方式，自主发放绩效工资。

在总结试点经验的基础上，2017年，印发实施《关于广东省深化高等教育领域简政放权放管结合优化服务改革的实施意见》，全面改革高校编制及岗位管理制度，改善高校选人用人机制。同时，为了不断提升高校事业单位人事综合管理效能，以清事项、减材料、压时限为目标，全面取消高校人事综合管理业务事前审批事项，并通过实行告知承诺制等方式，切实加强事后监管。

2021年，为解决编制数量与高校办学规模不相适应的突出问题，广东省委编办、省委组织部、省财政厅和省人力资源社会保障厅联合印发了《广东省省属事业单位员额制管理暂行办法》，在省属高等院校等单位探索实行员额制管理，高校岗位总量依据员额总量确定，员额内人员参照执行事业单位人事管理制度。

上述一系列改革举措，进一步健全了高校教师发展支持体系。

通过改革，高校教师管理评价制度更加科学，待遇保障机制更加完善，职业吸引力明显增强，教师的思想政治素质、业务能力、育人水平、创新能力得到了明显提升。

（二）坚持聚天下英才而用之，构建事业单位选人用人新机制

为建设高素质专业化事业单位工作人员队伍，贯彻落实《事业单位人事管理条例》，采取立新废旧的方式，制定实施《广东省事业单位公开招聘人员办法》（以下简称《招聘办法》），着力构建统分结合、放管并重的事业单位选人用人新机制，净化优化公开、平等、竞争、择优的事业单位选人用人环境。

1. 明令禁止部门单位违规干扰干预事业单位开展公开招聘。根据中央深化事业单位改革部署要求，《招聘办法》规定，各部门不得在法律、法规、规章外设置事业单位开展公开招聘的前置条件或者审批、备案等程序，违反上述规定的，将由同级事业单位人事综合管理部门提请有关机关依法处理。

2. 最大限度地减少事业单位人事综合管理部门对事业单位公开招聘的微观管理。《招聘办法》规定，事业单位仅在公开招聘的头、尾两端，即招聘方案和人员聘用，需按国家规定报备，其余过程类审核事项均按程序自行办理。

3. 建立高层次和急需紧缺人才的阳光绿色通道。为贯彻落实“对待急需紧缺的特殊人才，要有特殊政策，不要求全责备，不要论资排辈，不要都用一把尺子衡量，让有真才实学的人才英雄有用武之地”的要求，《招聘办法》规定，事业单位招聘专业技术七级以上岗位、工勤技能一级岗位、具有博士学位的人员，或者列入

省、地级以上市事业单位高层次和急需紧缺人才目录的人员，可不受“笔试＋面试”的考试方式限制，采取面试或直接业务考核等方式组织测评，为事业单位根据需要采取实际操作、角色扮演、长效招聘等方式测评特殊人才提供了保障。

通过上述改革举措，建立起了以事业单位自主招聘为主、主管部门统筹招聘为辅、组织人事部门集中招聘为补充的“三位一体”公开招聘工作体系，在遵循公开、公平、公正的大前提下，充分满足了事业单位竞争、择优、效能的选人需求。

（三）坚持有效盘活动态管理，建立高层次人才专项编制周转池制度

2018 年，广东省委编委印发实施《广东省省直高层次人才专项事业编制保障管理办法（试行）》（以下简称《保障办法》），率先在省级层面实现人才编制保障上的突破。

1. 主动有效盘活，推动编制周转。在省直从事生产经营活动事业单位改革过程中推进转企改革，收回事业编制，拓宽了编制资源的腾挪调剂空间。《保障办法》提出，调剂 2000 名事业编制，建立高层次人才专项事业编制周转池，用于保障省直教育、科技、卫生等重点领域事业单位引进人才。专项事业编制专编专用，实行单列管理和动态管理，计入单位事业编制总数，人员信息纳入实名制系统管理。同时，要求相关事业单位预留 50%以上的空余事业编制，专门用于引进紧缺急需的高层次人才。

2. 规范申请程序，满足用编急需。省直事业单位确已满编或接近满编，急需引进紧缺高层次人才的，由用人单位或其上级主管单位研究提出意见，同时报省委编办下达专项编制和省人力资源社会

保障厅办理进人手续。相关人员离岗后，由省委编办收回专项编制，继续周转使用。《保障办法》印发实施以来，省委编办已下达高层次人才专项事业编制合计700多名。

3. 明确人才标准，省内积极推广。纳入《保障办法》保障的高层次人才，原则上为各用人单位紧缺急需的博士、博士后及入选国家、省重大人才工程的各类人才，同时明确不唯学历、不唯职称、不唯年龄，要以创新能力、创新质量、实际贡献为导向，优先保障广东省国家“双一流”学科建设和省高水平大学重点学科建设、省高水平医院“登峰计划”建设、省级以上实验室和重点实验室以及战略性新兴产业领域的科研创新需要。同时鼓励市、县党委编委参照省做法，建立本级高层次人才专项事业编制周转池。

（四）坚持为人才放权松绑，全面深化职称制度改革

1. 深入推进工程技术人才、自然科学研究人员、实验技术人才等27个系列职称制度改革。率先制定出台27个系列60个改革实施方案和标准条件，将“放管服”作为深化职称制度改革重要内容，为人才放权松绑，大力营造专业技术人才发展良好环境。华南农业大学设置“推广型教授”，将“申报正高职称者，近5年年均社会服务工作量应达150个以上，并要求主持一定的推广项目和推广奖项，产出知识产权、合同转化等业绩成果”作为“推广型教授”职称评定的条件，有效激励了广大教师结合自身专业知识，投身一线，解决重大复杂技术难题。华南农业大学有4名教师顺利通过了2022年度“推广型教授”的职称评审。截至2023年6月底，全省专业技术人才931万人，其中高层次人才90万人，

全省设立职称评审委员会1909个。专业技术人才的规模、结构、质量持续提升。

2. 着力构建多元分类人才评价体系。2023年，制定实施《关于进一步加强职称评审工作的通知》，以“破四唯”和“立新标”为突破口，加快健全以创新能力、质量、贡献、绩效为导向的科技人才评价体系。不把论文数量、影响因子作为硬性的量化考核评价指标；不将科研项目、经费数量、获奖情况、论文期刊层次、头衔、称号等作为职称评审的限制性要求；全面推行代表性成果制度，将标准开发、技术推广、高质量专利、成果转化、教案、临床病案等业绩成果列入代表性成果清单；建立首次职称直接申报机制和破格推荐申报机制，引进的海外高层次人才、急需紧缺人才可“一事一议”“一人一策”直接申报高级职称；要求各高校不得将出国出境学习经历、SCI相关指标作为职称评审的限制性条件，鼓励将高质量论文发表在国内科技期刊上，回归学术报国初心。

3. 畅通港澳专业人才职称申报渠道。建立允许港澳专业人才职称申报绿色通道，境外专业技术工作经历作为有效工作经历，对在境外取得的业绩成果、论文著作进行认可等，近年来共有297名在大湾区内地工作的港澳专业人才取得职称；探索建立港澳地区专业人才获取广东职称机制，2023年，经与香港相关部门多次沟通，出台《关于开展粤港澳大湾区港澳工程专业人才职称评价试点的工作方案》，将港澳地区纳入评价体系专业涵盖范围，允许符合条件的港澳专业人才通过特定办法、特定标准、特定渠道申报评审广东工程技术职称。

4. 大力推进职称评审权的“三个下放、一个转移”。一是向符合条件的地市下放，已向广州市、深圳市全面下放正高级职称评审权限，向省内各地市下放中小学、中职教师副高级职称评审权限，向佛山、韶关等地市下放机电、农业等副高级职称评审权限。二是向人才智力密集的事业单位下放，已向省内全部高校下放教师职称评审权限，向省科学院、省社科院等大型科研院所下放研究人员职称评审权限，向省人民医院、省中医院等高水平医院，以及省重点建设实验室下放主体系列职称评审权限。三是向国有大型企业、行业龙头企业和新型研发机构下放，2018 年起在深圳华大基因、广汽集团等企业单位开展职称自主评审试点，其中在广汽集团开展全省汽车工程专业正高及以下职称自主评审试点，由企业自主制定评价标准，填补了广东省内汽车工程职称评审空白，广汽集团 5 名外籍高端专家通过绿色通道获评高级职称。四是积极稳妥推进向社会组织转移职称评审权限，2016 年起将水利、化工、律师、工艺美术等专业职称评审具体工作陆续转移给行业协会学会承担，全省高级职称评审委员会中由社会组织承接的已超过 30%。

职称评审权限下放后，用人单位成为职称评审的主体，政府部门角色调整为监督管理者。承接评审权的单位可结合自身情况和发展需要，制定不低于省通用标准的评价标准条件。评审结果不再由政府部门审批，改为事后备案管理，并授权发放全省统一版式、编号的职称证书。政府部门负责规范政策法规和加强对评审过程的指导监督，完善更透明的职称评审公开制度，实行评审巡查和结果抽查，积极构建政府监管、单位自律、社会监督的综合监管体系。

（五）坚持在人才激励上添动力，深化事业单位薪酬分配制度改革

在事业单位薪酬管理上，广东积极探索建立适应事业单位行业特点的薪酬制度改革，注重简政放权优化服务赋能，压实主管部门管理责任，落实事业单位分配自主权，形成放得下、接得住、用得好、激发活力的生动局面。结合事业单位总体上实行部门管理的特点，从 2020 年起，省人社、财政部门先后两次将省属事业单位大部分绩效工资总量核定权限下放省直主管部门，实行年度备案制，既方便主管部门动态管理事业单位薪酬分配，也方便事业单位在核定的绩效工资总量内结合建设发展需要自主分配，有效激励事业单位和工作人员干事创业积极性。

持续深化重点行业事业单位薪酬制度改革。一是支持高校、科研院所按照保基本、强激励原则，进一步搞活薪酬激励分配，激励工作人员创造创新。结合省科学院运行机制改革探索，实行绩效工资可与科研合同收入挂钩，对科研人员收入实行“下线保底、上不封顶”的保障与激励并重措施。对列入高水平大学建设的高校，配套深化收入分配改革“四个自主”，即自主确定绩效工资总量、自主确定基础性与奖励性绩效工资比例、自主确定具体分配方式、自主发放工资津贴补贴，改革以来平稳健康运行。二是推动公立医院薪酬制度改革。提出 23 条具体细化措施，包括完善公立医院薪酬水平决定机制、合理衔接动态调整基本薪酬水平、细化落实“两个允许”实施路径、健全薪酬总量分类分项核增倾斜机制、充分赋予高水平医院薪酬分配自主权、健全公立医院负责人薪酬激励约束机制、自主确定灵活有效内部分配方式、加大

对基础和临床研究人员薪酬和成果转化激励、健全以公益性为导向的考核评价与薪酬分配联动机制、建立健全县域医共体利益共享和激励分配机制等。

优化完善事业单位高层次人才工资分配激励机制，指引因地制宜合理确定实施范围，简化优化审核备案程序，精准服务强化工资激励，落实科技成果转化等有关措施，建立健全评价管理机制，明确各地可结合当地发展实际将部分急需紧缺人才纳入实施范围，对粤东西北地区及其他经济欠发达县区可以适当扩充实施范围。关于高层次人才（含急需紧缺人才）薪酬水平，由用人单位参考人才市场价格合理确定，经主管部门同意后执行，所需分配额度在单位绩效工资总量中单列备案管理。

三、经验启示

综合国力竞争说到底是人才竞争，人才是衡量一个国家综合国力的重要指标。事业单位作为各类人才的主要集中地，在推动创新发展、实现高水平科技自立自强方面发挥着至关重要的作用。广东省构建事业单位选人用人新机制的探索，对如何深化事业单位人才体制机制改革提供有益借鉴。

1. 必须坚持加强党对事业单位的全面领导。坚持党管干部、党管人才基本原则，加强党对事业单位的全面领导，才能确保事业单位人才工作始终沿着正确的政治方向推进，确保党的领导得到全面贯彻。要加快政府职能转变，履行好管宏观、管政策、管协调、管服务职责，减少微观审批和直接干预，确保人才工作把准大局方向和战略定位。要全方位支持事业单位以识才的慧眼、爱才的诚意、用才的胆识、容才的雅量、聚才的良方，把越来越多的优秀人才集聚到党和人民的伟大奋斗中来，努力建设一支规模宏大、结构合理、素质优良的事业单位人才队伍。

2. 必须遵循规律充分向用人主体授权。只有遵循规律，打破条条框框，才能让人才放开手脚、轻装上阵，焕发蓬勃生机活力。要在人才管理上做减法，进一步破除“官本位”、行政化传统思维，砍掉管理中的繁文缛节，不能简单套用行政管理的办法对待科研工作，不能像管行政干部那样管理事业单位科研人员。要加快建立促使科研人员把主要精力放在科研上的保障机制，赋予科研人员更大技术路线决定权、更大经费支配权、更大资源调度权，让科研人员把才华和能量释放出来。要加大放权力度，对用人单位能够自主决定、自担风险、自行调节的问题，放手让用人单位去解决。要引导用人单位发挥主观能动性，建立有效的自我约束和外部监督机制，确保下放的权限接得住、用得好。

3. 必须在营造公正平等、竞争择优的制度环境上下功夫。放眼世界，人才集聚度高的区域，往往是人才制度环境好的地方。要学习借鉴国内国际先进经验，加强学术道德、科研诚信等制度建设，打破地域、学历、身份等壁垒，一视同仁平等对待各类人才。要进一步破除束缚人才发展的深层次体制机制障碍，加快构建具有国际竞争力的人才制度体系，以人才制度优势增创发展新优势。要积极营造尊重人才、求贤若渴的社会环境，公正平等、竞争择优的制度环境，待遇适当、保障有力的生活环境，打造一流的人才创新创业创造环境，厚植人才发展沃土，形成近悦远来、群英荟萃的良好生态。

思考题

1. 在推动人才选用自主权下放过程中，如何更好发挥人才管理部门、用人单位、社会的作用？

2. 各地在人才招聘、编制使用、薪酬激励等方面，如何落实用人单位人才引进使用主体作用？

3. 如何构建以创新能力、质量、贡献、绩效为导向的科技人才评价体系，支持科研人才将论文书写在祖国大地上？

创新为要　激活人才一池春水

——安徽创新人才政策打造科技创新策源地

【引言】2016年4月，习近平总书记在安徽考察时强调，当今世界科技革命和产业变革方兴未艾，我们要增强使命感，把创新作为最大政策，奋起直追、迎头赶上。2020年8月，习近平总书记在参观安徽创新馆时强调，安徽要加快融入长三角一体化发展，实现跨越式发展，关键靠创新。

【摘要】作为传统的农业大省、原材料和劳动力输出省，新发展阶段，安徽省面临的发展挑战在我国内陆地区具有普遍性。要实现跨越发展，关键靠创新。

安徽省以人才为引领，向改革要活力，加快向科技创新策源地的角色转变。发射全球首颗量子科学实验卫星“墨子号”，研制“九章”“祖冲之号”系列量子计算原型机，建成有“人造太阳”之称的大科学装置全超导托卡马克……有全球影响力的重大科技成果不断涌现。全省坚持人才为先，全面加强党对人才工作的领导，聚力抓好第一资源。2022年底人才总量突破1100万人，实现10年翻番。坚持创新为要，持续深化体制机制改革，先后出台4个版次安徽人才“30条”，2023年部署实施人才兴皖工程，对贯彻党的二十大精神、加快打造人才强省进行系统部署，在人才评价、激励等方面放权松绑。

针对科技创新的难点、堵点实施改革，出台新机制破解成果转化难，完善金融体系解决企业融资担保难。坚持以用为本，优化人才发展生态，2022年启动建设“科大硅谷”，汇聚各类优秀人才。促进成果转移转化，从制度层面破解不愿转、不会转、不敢转问题，推动技术合同交易额大幅增长，区域创新能力连续11年位居第一方阵，有效激活人才一池春水。以“科创+产业”为引领，贯彻落实长三角一体化发展战略，与沪苏浙合力将长三角打造成具有全球影响力的科技创新共同体，不断推动经济高质量发展。

【关键词】人才集聚　科技创新　创新驱动发展

一、背景情况

“水积而鱼聚，木茂而鸟集。”锚定2035年跻身创新型国家前列、建成人才强国的远景目标，就要下大气力全方位培养、引进、用好人才。

立足新发展阶段、贯彻新发展理念、构建新发展格局、推动高质量发展，必须把人才资源开发放在最优先位置，着力夯实创新发展人才基础。安徽省拥有中国科学技术大学、合肥工业大学、安徽大学等普通高校（含独立学院）121所，科研机构6769个，中央驻皖科研院所16家。如何实现“科教大省”向“科技创新策源地”的跨越发展，为现代化美好安徽建设提供有力的科技和人才支撑？近年来，安徽省大力实施科教兴皖战略、人才强省战略，协同布局推进教育、科技和人才发展，坚定下好创新“先手棋”，“人造太阳”EAST刷新世界纪录，“墨子号”量子卫星升空，“九章”计算机、“嫦娥钢”和“质子刀”等一大批重大创新成果涌现……如今，科技创新这个关键变量，正成为安徽高质量发展的最大增量。

惟改革者进，惟创新者强，惟改革创新者胜。面对厚积薄发、动能强劲、大有可为的人才发展上升期、关键期，安徽省委坚持聚天下英才而用之，深入思考和布局安徽人才发展之路。新能源汽车等新兴产业抢抓机遇，如何解决人才缺口？制造业从中低端向中高端迈进，如何更好促进创新链与教育链、产业链、人才链深度融合？构筑高端人才“塔尖”的同时，如何夯实各类人才“塔基”？激发人才创新创造活力，如何找准政策切入点、突破口？大力实施人才兴皖工程，加快打造具有重要影响力的人才发展和创新高地，是安徽面临的难得历史机遇，也是走出高质量发展新路的时代使命。2023年7月7日，安徽召开全省人才工作大会，推出4.0版安徽人才政策，启动实施人才兴皖工程，着力营造拴心留人、创新创业的良好环境。

二、主要做法

党的二十大报告提出，“推动创新链产业链资金链人才链深度融合”。安徽以创新型省份建设为旗帜性抓手，大力实施人才强省战略，不断拓宽人才视野和渠道，突出抓统筹、抓重点、抓改革、抓基础，全方位培养引进用好人才，在国家创新大格局中镌刻了安徽烙印。

（一）坚持战略需求导向，打牢夯实科技创新人才基础

1. 围绕高水平科技自立自强，建设战略人才力量。举全省之力服务保障“国之重器”,2018 年围绕服务合肥国家实验室，出台“人才 18 条”专项政策，支持实验室自主评定人才序列并享受省市对应政策，设立省量子科学产业发展基金，建立多元投入机制。围绕合肥国家综合性科学中心建设，制定“人才 10 条”举措，省级设立专门机构协调服务人才事项，在引才奖补、签证居留、编制管理等方面给予相关人才和单位支持，比如对引进人才工资性年收入超过一定额度的，在首个管理期内省市两级财政按实付薪酬 50%奖补用人单位。大科学装置是催生原始创新和尖端科研成果的集成工程，安徽优化提升、在建拟建和规划布局的大科学装置已达 12 个。2022 年省认知智能、压缩机及系统技术 2 家实验室新入选全国重点实验室，省水泥工业二氧化碳捕集转化应用等 4 家创新联合体成功组建，累计建成国字号创新平台 223 家。为最大限度发挥集聚效应，规划建设 19.2 平方公里大科学装置集中区，引领带动人才能级提升，集聚信息、能源、环境、健康等重点领域人才 1.7 万余人，打造人才发展增长极。

2. 围绕汇聚“高精尖缺”人才，统筹实施科技、教育、卫生等各领域人才项目。持续实施院士培养计划，加强省院士工作站建设，支持同一承建单位与多名院士签约、建设多个院士工作站，对新建备案院士工作站给予 100 万元建站资助，根据发展前景可采

取“一事一议”方式确定资助金额。2022年升级实施战略帅才专项，发现和培养一批具有战略科学家潜质的高层次复合型人才，给予“一人一策”专项支持，赋予人财物以及技术路线等方面的高度自主权。省级出台“特支计划”，连续遴选支持9批1099名创新创业领军人才；支持15批518个“115”产业创新团队，省市联动设立团队3000余个，集聚2万多名高层次产业人才，5名团队带头人先后当选两院院士。

3.围绕优势特色产业全链条发展，以业聚才、以才兴业。探索建设产学研协同创新平台，先后搭建中科院合肥创新院、中国科学技术大学先研院等90多个高能级平台，实现了引进一个人才、集聚一个团队、培育一个企业、带动一个产业。依托产业创新平台集聚高质量产业人才，布局组建590家省级以上产业创新平台，集聚人才超过6.3万人。聚焦新能源汽车等领域，采取合作攻关等方式支持组建省产业创新中心，打造任务牵引型创新联合体，引进培养高层次人才团队。中国工程院院士彭寿挂帅的中建材玻璃新材料研究总院，建成60个创新平台，不断延伸创新链条，开发出30微米柔性可折叠玻璃、拥有自主知识产权的高世代液晶玻璃，实现多项关键技术突破。省市先后投入5.2亿元打造315个培养项目，推动高校与科大讯飞、京东方等企业联合建设25个产业学院。

4.围绕青年人才快速成长，坚持人尽其才、用当其时。安徽大力支持青年科技人才挑大梁、当主角，依托省重大基础研究项目培养集聚一大批青年才俊，近3年全省科技人才项目支持45岁以下人才比例接近90%。省重大科技攻关专项等科技计划项目中，青年科技人才作为项目（课题）负责人和骨干比例原则上不低于50%。在合肥科学岛上，有一支高场磁体技术青年创新突击队，团队平均年龄35岁，其中最大的38岁，最小的25岁，有的人还是在读学生。1989年出生的房震作为队长带领团队，一次次吹响科技实验的冲锋号，最终打破由美国创造的尘封23年的稳态强磁场世界纪录，成为我国科学实验极端条件建设的重要里程碑。

5. 围绕产业一线人才培养，大力选拔卓越工程师。布局建设一批工程师协同创新中心，在职称评审上予以政策倾斜。启动省级卓越工程师学院建设，加大现代产业学院建设力度，实施“职业教育现场工程师专项培养计划”，校企共建现场工程师学院，推广“1+X”证书制度。出台《支持技工强省建设若干政策》，结合特色行业打造“数字工匠”“徽菜名厨”“金牌导游”“文房巧匠”等技能品牌，全省技能人才总量突破660万人。实施技工院校“双高”计划，贯通产业技术技能人才评价体系。设立产业工程师学院，高校毕业生毕业即获学历、学位、专业技术职称“三证”，首批培养工程技术人才213名。阜阳技师学院先后与航天科工二院、奇瑞集团等150多家企业开展校企合作，率先探索出“三转四像”办学模式，即“校长围绕厂长转、专业围绕产业转、教学围绕生产转”和“学校像工厂、教室像车间、老师像师傅、学生像徒弟”，2022年作为省10大改革案例在全省推广。近年来，安徽每年培养高技能人才超过15万人。

（二）坚持区域协调发展，不断拓宽人才引育渠道方式

1. 注重加强与大院大所人才对接合作，始终以筑巢引凤的诚意吸引人才。发挥平台创新集群化作用，安徽省针对高能级平台制定人才专项政策，建立健全与中央驻皖单位人才工作联系会商机制，建立“央地人才发展合作联盟”，着力发挥中国科学技术大学、中

科院合肥物质院等中央驻皖单位作用，深入开展以才引才、平台引才。常态化开展省直机关与中科院合肥物质院干部人才双向挂职锻炼，积极与国内顶尖科研院所开展人才专项合作。举办侨梦苑、侨创峰会，设立海外人才离岸创新创业基地，多渠道吸引人才，截至2023年底已建有省级以上引才引智示范基地近40家。依托合肥国家综合性科学中心集聚高层次科技人才2700余人，推动能源、人工智能、大健康3个研究院全面运行，加快组建数据空间、环境、未来技术3个研究院。

2. 注重加强人才区域合作交流，积极承接先发地区人才资源外溢。主动融入长三角一体化发展，推动建立长三角人才交流合作机制，落实“五个一批”系列行动，牵头举办长三角一体化人才论坛等活动。与浙江大学等10余所高校签订人才交流合作协议，从复旦大学等引进一批中青年领军人才来皖高校院所任职，带动提升学术及科研水平。依托安徽驻北上广办事处，设立京津冀、长三角和

第二届中国（安徽）科技创新成果转化交易会展区

大湾区 3 个人才工作站，不断壮大人才工作朋友圈，延伸引才荐才触角。安徽省实行人才政策省市衔接、“一市一品”，围绕本地新兴产业，因地制宜引育人才。合肥市聚焦新一代信息技术、生命健康等新兴产业，开展招才引智海外行、高校行，吸引全球高校毕业生来肥就业。蚌埠市给予新型显示产业科技人员成果产业化固定资产投资额 10%补助。宣城市坚持人才引进、培育、使用、服务并举，近两年引育高端人才达 5 万人。安庆、阜阳等地坚持“内搭平台、外联老乡”，深入开展院士恳谈、人才走访等活动，设立 19 个“接您回家”工作站，服务人才回皖、在家门口就业创业。

3. 注重搭建人才创新创业空间载体。整合创新资源，规划建设了 108 平方公里“科大硅谷”，以人才赋能“科大硅谷”建设，对接科大校友 3000 多人次，集聚人才超过 1 万人。采取“人才团队 + 科技成果 + 政府参股”模式，引进扶持 320 个高层次人才团队在皖创办企业，其中 239 个成长为高新技术企业、187 家入库科技型企业。开发安徽“羚羊”工业互联网平台，推动科技成果上平台、专家智库聚平台、中小企业用平台，截至 2023 年 6 月底平台已汇聚企业 6 万家、高校院所 150 余家、各类专家 2.1 万人、青年人才近 7.5 万人。2021 年 12 月，安徽依托科大讯飞组建首家创新联合体——智能人机交互创新联合体。两年来，创新联合体平台开放 559 项人工智能产品及能力，聚集超过 398 万个开发者团队，总应用数超过 164.6 万。这样的创新联合体，安徽省已有 4 家，牵头企业向中小企业开放创新、市场、人才资源，以应用带创新，以创新促应用。产业创新中企业主体作用充分发挥，省级实验室、省技术创新中心中，一半为高新技术企业承担；132 家新型研发机构中，64%为高新技术企业牵头组建。

（三）坚持制度创新引领，勇做体制机制改革试验田

以人才为引领，向改革要活力，安徽省先后出台 4 个版次人才“30 条”，推动人才政策从 1.0 到 4.0 迭代升级。聚焦人才管理、培养、评价、流动、引进、激励等，提出一系列具有突破性的有力举措，形成了“编制周转池”、“八免”评价模式等创新成果。

1. 坚持“破四唯”与“立新标”并举，深化人才发展体制机制改革。持续开展“唯帽子”问题治理，着力构建以创新价值、能力、贡献为导向的人才评价体系，实现“干得好能评上”。遵循人才成长规律，拓展引进人才评审通道，制定特殊人才评价办法，实现“要什么评什么”。破除学历、资历、身份和岗位限制，建立体现职业道德、专业能力、技术水平、创新成效等多维度的职称评审标准，建立引进高层次人才和急需紧缺人才职称评审绿色通道。率先在全国开展快递工程专业职称评审，截至 2023 年底已评选出快递工程专业人才 200 多人。坚持实绩导向、一线导向，完善农业系列职称评价标准，创新开展乡村振兴人才职称评审，每年评定 1 万名乡村振兴技术人员，让扎根基层的“田秀才”“土专家”“乡创客”脱颖而出。

2. 持续加大放权松绑力度，建立以信任为基础的人才使用机制。充分向用人主体授权，积极为人才减负松绑，赋予领军人才更大技术路线决定权、更大经费支配权、更大资源调度权，放手让他们潜心科研、安心创造。推行科研类事业单位“大包干”管理改革，扩大科技成果赋权改革试点范围，支持各类新型研发机构选聘首席科学家，实行首席全权负责制。依托新型研发机构开展综合授权改革试点，以“综合授权 + 负面清单”方式，在编制使用、人才引

进、岗位设置、绩效工资分配、职称评定、经费使用等方面赋予其更大自主权。坚持“谁用人、谁评价”，授予122家高校科研院所、8家医院、19家企业和3家商协会职称评审权，进一步释放人才创新创业活力。设立“伯乐奖”，完善“单位出榜、中介揭榜、政府奖补”工作机制，对成效突出的人力资源服务机构或发挥突出作用的单位、个人予以奖励。

3. 推广产教协同育才模式，建立学科专业动态调整机制。协调推动高校优化学科专业布局，做到“经济增长点在哪里，就把专业办到哪里，人才培养就跟进到哪里”。党的十九大以来，安徽省新设高校3所，另有6所独立学院转设为普通本科高校，累计培养毕业生217.59万人。对接10大新兴产业和重大民生急需，深化高校学科专业结构改革，重点加强新一代信息技术和新能源汽车两大地标产业相关学科专业建设，计划到2025年省10大新兴产业相关学科专业占比超过70%。鼓励产教融合、校企合作，推动中国科学技术大学、合肥工业大学与科大讯飞、京东方等企业开展多主体合作育才；支持清华大学、北京航空航天大学、哈尔滨工业大学等重点高校在皖设立新型研发机构，在公共安全、人工智能等领域突破并转化一批科创成果。在合肥学院建立大众学院，学生毕业时可直接接受相应专业职称或职业等级认定。

4. 坚持企业出题、政府立题、人才解题、市场阅卷，实施科技攻关“揭榜挂帅”专项。聚焦安徽省10大新兴产业发展面临的卡点堵点开展攻关，近两年“玉米耐密抗锈病种质创新技术与新品种选育”“大面积动态X射线成像传感器研发及产业化”等18个项目成功揭榜立项，省财政共投入近1.6亿元，带动企业投入6.5亿元，吸引全国10个省30多家单位参与揭榜。通过优化完善定向委托、“揭榜挂帅”等方式，安徽加快攻克一批关键核心技术，其中动态存储芯片、研发设计类工业软件、人机交互等产品打破国外垄断，全色激光投影显示等创新成果应用于北京冬奥会。

（四）坚持厚植优良生态，全力当好人才的“后勤部长”

牢记习近平总书记嘱托，努力做优做实“养人生态”。安徽省委落实主体责任，成立了人才工作领导小组，主要负责同志担任组长，每年数十次开展人才走访、推动平台建设、谋划创新政策，形成“一把手”抓第一资源的浓厚氛围。

1. 着力健全工作运行机制，构建党委统一领导、组织部门牵头抓总、职能部门各司其职密切配合、社会力量广泛参与的人才工作格局。全省党政领导带头联系服务专家人才 8000 余名，建立高层次人才服务专员制度，开通人才专线，持续开展“我为人才办实事”活动，帮助人才解决实际问题。根据部门职能，科学界定人才工作职责任务，组织部门履行牵头抓总职能，行业主管部门承担各自领域人才队伍建设任务，做到管行业也要管人才、抓项目更要抓人才。健全人才工作目标责任制，科学设置人才指标，将人才发展纳入季度“赛马”机制，将人才工作成效列入省委综合考核项目。健全“年初立清单、年中抓推进、年底抓考评”机制，重点任务每季度调度。同时，突出用人单位主体作用，积极调动社会力量广泛参与，增强人才工作合力。2022 年起安徽省财政连续 5 年出资，组建 500 亿元规模的省新兴产业引导基金，并通过引导基金—母基金—子基金构架，逐层撬动社会化资本，打造规模 2000 亿元、投早投小投科技的“基金丛林”。

2. 着力激发人才创新活力，完善科技成果转移转化体系。怎么把科研成果转化为现实生产力，让其不再束之高阁？安徽省围绕破解科技成果不愿转、不会转、不敢转难题，启动实施深化科技创新体制机制改革、加快科技成果转化应用体系建设专项行动，优化成果转化评价考核、效益激励等机制，建立健全尽职免责、容错纠错机制。截至 2022 年底全省输出和吸纳技术合同成交额达到 5287.5 亿元，比 2017 年增长 9.2 倍，200 余项科技成果转化为现实生产力。建设以创新为主题的综合性场馆，兼具成果交易转化和对接服务的功能。到 2023 年底，安徽创新馆共举办科技成果转化活动 330 余场，发布科技成果 3000 多项，促成科技成果转化项目金额近 800 亿元，培养各级技术经纪人 1400 余人，孵化科技型企业 30 余家。由潘建伟院士参与创立的科大国盾量子股份有限公司，成功登陆科创板，带动全省 20 多家公司专注量子科技攻关，构建了从实验室

安徽创新馆

到车间的完整生态链条。10年来，安徽高新技术企业数增长5.5倍，当前平均每天新增8家国家级高新技术企业，人才驱动创新的优势愈发凸显。

3. 着力当好人才服务员，逐步建成上下贯通的人才服务网络。建设运行“一站式”人才服务平台，构建全方位、全周期的人才服务体系，让“数据跑路”代替“人才跑腿”。编制高层次人才分级分类目录，给予人才精准服务，推行“皖事通办”“江淮优才卡”，为人才出入境、商事金融、住房教育、社保医疗等提供高效贴心的服务。持续实施“人才安徽行”系列活动，广泛开展“招才引智高校行”“百万大学生兴皖”“万名博士后聚江淮”等行动，推动人才、技术、项目等供需对接、精准匹配，变“人找政策”为“政策找人”。制定实施大学生“筑梦江淮9条”，设立5亿元“雏鹰”基金，2022年全省40.6万名就业应届高校毕业生留皖率达到74.2%，创历史新高。建成合肥国际人才城，入驻人才分类认定、外国人来华工作许可等6个业务服务窗口。精心开展“安徽省突出贡献人才奖”等评选表彰，有力营造了敬才爱才良好氛围。

三、经验启示

党的二十大报告强调，实施科教兴国战略，强化现代化建设人才支撑，并首次将教育、科技、人才一体规划和部署。安徽省以创新型省份建设为旗帜性抓手，坚持人才引领驱动，整合用好要素资源，在人才培养和创新领域积累了经验。

1. 必须突出统分结合，完善人才工作运行机制。党管人才是做好人才工作的根本保证，一方面要发挥党总揽全局、协调各方的领导核心作用，更好统筹人才发展；另一方面，要在突出组织部门牵头抓总的同时，厘清人才工作职能部门职责，提升整体合力。安徽省着力完善党管人才工作运行机制，系统构建人才工作机构职能体系，优化人才发展考核指标，探索开展专项述职评议，在全省上下形成大抓人才的工作氛围。实践证明，只有不断完善党管人才方式，创新载体和抓手，人才工作才能统筹协调、高效运转。

2. 必须树牢鲜明导向，健全人才分类评价制度。人才评价贯穿于人才工作全过程，是发现、培养、选拔、使用人才的重要依据。安徽省坚决落实破“四唯”要求，围绕“干什么评什么”，以创新价值、能力、贡献为导向，选择安徽大学、省立医院等省属单位探索推进科技人才评价改革试点，向 19 家科技创新企业下放人才评价自主权，研究制定特殊人才评价办法，分类完善人才评价标准及流程。实践表明，只有用好人才评价“指挥棒”，充分发挥用人单位主体作用，才能引导人尽其才、才尽其用。

3. 必须立足“三位一体”，推进科教产才协同创新。习近平总书记在二十届中央政治局第二次集体学习时强调，要坚持教育发展、科技创新、人才培养一体推进，形成良性循环。安徽省着眼创新链、产业链、资金链、人才链深度融合，以服务国家实验室人才“18 条”、综合性科学中心人才“10 条”专项政策为切入点，及时拓展改革深度，系统推进政策迭代创新，不断催生高质量发展新动能。实践证明，教育、科技、人才是驱动创新的“三驾马车”，必须深刻把握三者内在逻辑联系，不断深化体制机制改革，才能持续释放制度红利，实现人才价值和经济社会发展同频共振。

4. 必须始终以用为本，搭建人才施展才华舞台。大胆使用是最好的培养，也是引育人才的最终目的。安徽省坚持需求导向、效果导向，不拘一格用人才，突出发挥创新主体作用，推动政校院企联合打造创新平台，针对人才个性化需求“精准滴灌”，常态化开展“我为人才办实事”活动，不断提升落户居留、医疗保健、子女教育等服务水平，营造拴心留人的人才发展环境。实践证明，只有把工作做到人才心坎上，为人才创新创业提供舞台，用心倾听和回应人才诉求，才能实现增人数与得人心的统一，形成近悦远来的生动局面。

思考题

1. 新时代人才工作如何找准结合点，更好实现教育发展、科技创新、人才培养一体推进？

2. 体制机制改革是“牛鼻子”，请结合本案例，谈谈在人才评价、激励等方面还有哪些改革有待深化。

3. 人才流动是资源配置的前提，请谈谈如何完善同区域协调发展相适应的人才交流机制，推动共育共引共用。

让人才在基层广阔天地显身手成大器堪大用

——四川积极引导人才向艰苦边远地区和基层一线流动

【引言】2017年10月，习近平总书记在党的十九大报告中强调，要鼓励引导人才向边远贫困地区、边疆民族地区、革命老区和基层一线流动。2018年3月，习近平总书记在参加十三届全国人大一次会议山东代表团审议时强调，要激励各类人才在农村广阔天地大施所能、大展才华、大显身手，打造一支强大的乡村振兴人才队伍。

【摘要】支持艰苦边远地区和基层加快发展，人才是关键。在取得脱贫攻坚伟大胜利进程中，人才发挥了不可或缺的作用。但艰苦边远地区和基层一线存在的人才引不进、留不住问题尚未得到有效改变。全面推进乡村振兴的深度、广度、难度都不亚于脱贫攻坚，要在新起点上接续奋斗，就要创新人才流动机制，打破户籍、身份、学历、人事关系等制约，促进城乡、区域、行业和不同所有制之间人才协调发展，鼓励引导人才向艰苦边远地区和基层一线流动。

2017 年以来，四川省先后出台鼓励引导人才向基层一线流动“10 条措施”、基层治理人才支撑若干举措、加快推进革命老区脱贫地区民族地区盆周山区振兴发展的意见、39 个欠发达县托底性帮扶“10 条措施”等政策，大力开展人才招引、定向培养、在职培训、人才援助、人才激励“五大行动”，拓展推进“组团式”帮扶工作。注重“增人数”与“优结构”相结合，打好引才组合拳，协同浙江省选派 1500 余名教育、医疗、科技人才全覆盖帮扶 50 个国家级、省级乡村振兴重点帮扶县；创新开展人才工作先行区建设，分两批遴选 80 个县（市、区）人才工作先行区，因地制宜探索基层人才工作新路；实施“一村一幼”“一乡一全科”“一村一名农技员”“一户一名技术能手”培训，增强艰苦边远地区“造血”功能和产业发展后劲。

【关键词】人才振兴　“组团式”帮扶　人才工作先行区

一、背景情况

习近平总书记强调，建设现代化国家离不开农业农村现代化，要继续巩固脱贫攻坚成果，扎实推进乡村振兴，让群众生活更上一层楼，在推进农业农村现代化中越走越有奔头。

党的十八大以来，以习近平同志为核心的党中央对艰苦边远地区和基层一线人才工作高度重视，作出一系列重要部署。作为全国的一个缩影，四川既有成都这样的新一线城市，又有川东、川南丘陵地区，还有50个国家级、省级乡村振兴重点帮扶县，区域发展不平衡、人才分布不均等问题较为突出。受自然条件、经济发展等因素影响，基层一线特别是以阿坝州、甘孜州、凉山州为代表的艰苦边远地区人才匮乏问题仍很明显，人才引不进、用不好、留不住问题尚未得到有效改变，一定程度上难以满足乡村振兴、基层治理和现代化建设需要。

一是地域分布不均。各地禀赋条件不一、发展差异较大，特别是受成都、重庆两地“虹吸效应”影响，导致基层一线人才缺口较大。截至2022年底，全省人才总量超过1100万人，但成都“一城独大”、超过全省总量的60%，其余市（州）总量占比不到40%，且主要集中在市区，人才分布不均衡比较明显。

二是人才结构不优。基层一线特别是艰苦边远地区人才行业、专业分布结构较为不合理。以阿坝州、甘孜州、凉山州为例，90%以上的人才分布在党政机关、企事业单位，不到10%的人才分布在企业、合作社、新型经营主体；同时，教育、卫生类人才占比超过50%，农林牧渔、工程规划、城建交通、环境保护、水利水电等当地急需的人才相对较少。

三是人才吸附力不强。基层一线发展平台少、隐性成本高、教育医疗条件较差，导致本土人才不愿回、外地人才不愿去。2022年，除成都以外的20个市（州）招引人才9.3万人、企业引进硕博士和高级职称人才仅有8800人，同时还流失了1.14万名具有一定工作经验的优秀人才，反映出基层一线对人才的吸引力吸附力还需进一步加强。

面对诸多制约因素和现实问题，四川省聚焦基层人才“引育用留”关键环节，不断鲜明政策导向、创新体制机制、靶向精准发力，有效整合全省优势资源和浙江省帮扶力量，着力以“有形之手”弥补市场配置人才资源之不足，积极鼓励引导人才向艰苦边远地区和基层一线流动，让帮扶不断档、投入不减力，为当地打造一支留得住能战斗的人才队伍，有效增强艰苦边远地区和基层一线内生动力和发展后劲。

二、主要做法

为深入贯彻以习近平同志为核心的党中央关于鼓励引导人才向艰苦边远地区和基层一线流动的系列重要部署，认真落实习近平总书记在四川考察时关于在新时代打造更高水平的“天府粮仓”、在推进乡村振兴上全面发力的重要指示，四川省紧扣“四化同步、城乡融合、五区共兴”发展战略，以加快构建成都“头雁引领”，绵阳、泸州—宜宾、南充—达州“三翼驱动”，其他市（州）“多点支撑”的“1+3+N”人才发展雁阵格局为牵引，先后出台鼓励引导人才向基层一线流动“10条措施”、基层治理人才支撑若干举措、加快推进革命老区脱贫地区民族地区盆周山区振兴发展的意见、39个欠发达县托底性帮扶“10条措施”等政策，在实施深度贫困县人才振兴工程的基础上，接续实施乡村人才振兴五年行动，拓展推进“组团式”帮扶工作，分两批遴选创建80个县（市、区）人才工作先行区，不断夯实全省人才发展雁阵格局底部基础。

（一）注重“增人数”与“优结构”相结合，打好引才组合拳

1. 加大党政人才招录力度。充分发挥选调生政策在吸引储备人

才、充实基层力量方面的作用，每年至少为50个国家级、省级乡村振兴重点帮扶县各充实10名选调生，2023年全省选调生分布在县、乡基层一线人数超过1万人，有效改善了当地党政人才年龄、学历和专业结构。推动县、乡盘活编制资源，招录公务员5.4万余人，实现基层一线行政编制使用率保持在95%左右、乡镇空编缺员应补尽补。出台《关于做好艰苦边远地区基层公务员考试录用工作的实施意见》，在84个艰苦边远县实行公务员考录降低学历条件和降低开考比例、少数民族考生加分和加试少数民族语言、限定本地户籍考生和限定最低服务年限的“两降、两加、两限”倾斜政策，84个县职位空缺率连续5年低于全省平均水平。

2. 拓宽事业单位人员入口。在民族地区、艰苦边远地区和革命老区县、乡事业单位考核招聘专业技术人员放宽学历要求、开考比例、报考年龄、专业限制，通过特设岗位引进急需紧缺人才，近3年为基层事业单位补充优秀人才近10万人，全省县、乡专业技术人才岗位基本实现满编运行。持续加大“三支一扶”、特岗教师、西部计划志愿者招募力度，每年引导5000余名大学生到艰苦边远地区开展志愿服务，服务期满、考核合格可通过考核招聘方式聘用到服务所在地县、乡事业单位。2018年以来，巴中市对考入“双一流”高校、有毕业返乡意愿的大学生给予每年1万元学习资助，截至2023年底已资助近70名大学生、已毕业的12名大学生全部通过考核招聘到巴中市企事业单位上岗。

3. 推行柔性引才用才模式。鼓励各地充分利用三线建设、文旅康养、特色农业等优势资源，设立“候鸟型”“周末式”工作站和人才驿站，合作共建现代产业园区和产业技术研究院，推行双向兼职、联合聘用、“揭榜挂帅”等引才模式，吸引优秀人才到基层转化成果、创新创业。广元市利用“中国十大避暑名山”曾家山优质康养资源，打造专家度假大院并邀请知名专家人才避暑度假，柔性引进 14 名院士、500 余名专家担任“周末工程师”。南充尚好茶叶公司充分发挥“丝绸之乡”桑叶品种优势，吸引向仲怀、陈宗懋两位院士建立院士工作站，帮助公司建成国内首条 3000 吨桑茶、桑粉生产线，为企业直接创造经济价值 5000 余万元。

（二）注重“锻强项”与“补短板”相结合，练好育才基本功

1. 加强定向培养。采取定向招生、定向培养、定向上岗的方式，结合基层一线教育卫生科技、农林水牧渔等领域人才急需，整合全省 40 余所高校优质资源，实行最高降 70 分录取的特殊招生政策，近 5 年为基层一线培养 1.1 万余名急需紧缺专业大学生，截至 2023 年底已有 4000 余名毕业生回原籍服务至少 6 年。委托省内 7 所中高职学校开设专业班，采取“分段式、重实训、参与式”1 年制免费职业教育培训，为乡村振兴重点帮扶县培养 3000 名乡土实用人才。采取“理论学习 + 毕业实习 + 考试辅导”三段式教学，定向招录在岗乡村医生到中职卫校接受 3 年农村医学专业学历教育，为乡村振兴重点帮扶县培养 1800 名乡村医生。

2. 注重在职培训。采取集中脱产、网络远程教育等方式，支持艰苦边远地区人才参加在职学历提升，取得相应合格证书后在当地享受专科、本科毕业生待遇并报销学费。大力实施“一村一幼”“一乡一全科”“一村一名农技员”“一户一名技术能手”培训，先后对 20 万名教育、卫生、农技人员和脱贫家庭劳动力进行充电提能，不断增强艰苦边远地区“造血”功能和产业发展后劲。

2019年以来，凉山州持续举办“凉山大讲堂”，采取“课堂讲授+网络视频直播”方式，每年分专题分类别对州、县、乡、村四级10万余名人才开展专业知识和实操技能培训，有效解决基层人才工学矛盾。

3.组织赴外锻炼。深入实施千名紧缺专业人才顶岗培养计划，采取访问研修和顶岗锻炼相结合、派员地和接收地联合培养的方式，每年从乡村振兴重点帮扶县选拔500名专业技术骨干，赴浙江省的对口支援市和四川省内发达地区进行为期3—6个月顶岗锻炼、研修培养。实施优秀年轻干部实践锻炼“双百计划”，每年从市、县两级选派100名优秀年轻干部到省直部门和成都市挂职、顶岗锻炼，进一步提升基层干部人才能力素质。近年来，阿坝州每年选派130名专业技术骨干到浙江跟班学习6个月，通过学习期间完成一篇学习论文、学习完毕进行导师鉴定、返岗开展一次学术交流等方式督促外派学员认真完成学习任务，有效提升赴外顶岗锻炼效果。

（三）注重“添活力”与“聚合力”相结合，突出用才主基调

1.拓展实施“组团式”帮扶。将干部人才“组团式”帮扶工作拓展全覆盖50个国家级、省级乡村振兴重点帮扶县，并给予每个教育医疗帮扶团队20万元、每个科技特派团12万元经费补助，协同浙江省择优选派1500余名医疗、教育人才开展“组团式”帮扶和科技下乡万里行活动。2022年，根据“组团式”帮扶工作安排，从浙江宁波来到甘洛县人民医院的青年人才，带来腹腔镜下胰十二指肠切除术等新技术新项目。小金县整合成都嘉祥教育集团、新津

中学“组团式”帮扶力量，探索改革教学模式，有效解决初高中教学脱节、优质生源外流等问题。

2. 创新人才管理模式。实施万名人才专项编制保障工程，通过建立“人才编制池”，推动县级事业编制在全县范围内统筹调剂、动态使用，主要用于引进急需紧缺专业人才。对以高校毕业生为重点的新招事业单位人员实行“县招乡用”“县管校用”，在教科文卫、农林水牧等领域行业实行“岗编适度分离”机制，打通体制内外壁垒、突破职业技能评价与专业技术职称评审界限，推动 30 万名专业技术人才到基层一线开展智力服务。作为全省首批县（市、区）人才工作先行区的南江县，率先探索推进高技能人才与专业技术人才职业发展贯通，先后有 62 名人才取得技能与技术“双认定”，45 名技能人才取得专业技术职称资格，38 名高级工取得助理工程师职称。

四川省丹巴县高级中学“组团式”帮扶教师在“树德班”上生物实验课

四川省木里县乔瓦镇金丝皇菊现代农业园区种植的金丝皇菊喜获丰收

3. 用好用活结对帮扶力量。立足受援地经济社会发展需要，主动加强与浙江省沟通对接，每年从浙江对口帮扶地选派超 500 人次专业技术人才，到省内 12 个市（州）开展帮扶援助。探索开展先发带后发结对帮扶，组织省内 13 个市 35 个县采用“一帮一”“一帮多”模式结对帮扶 56 个县，每两年压茬选派 9000 余名干部人才开展帮扶援助，为当地培养培训各类专业技术骨干超过 3 万人。

（四）注重“强激励”与“优保障”相结合，营造留才好氛围

1. 拓展人才成长空间。放宽基层专业技术职称评审年限，对在基层工作的高校毕业生，首次申报评审职称可提前 1 年；对在民族

地区、艰苦边远地区连续工作 4 年以上且考核合格的，在申报中高级职称资格时，其任职年限可放宽 1 年。对在乡镇事业单位聘用满 10 年的，竞聘上一等级专业技术岗位时可不受本层级最高等级、岗位数额限制；对在乡镇专业技术岗位工作满 30 年的，可不受本单位岗位结构比例限制申报评审上一级职称，取得相应资格后可受聘相应层级最低等级岗位。在教育、卫生、农业等领域建立“定向评价、定向使用”评审制度，先后定向评定副高及以上职称 2000 余人，7000 余名考生享受单独划线优惠政策。

2. 突出人才正向激励。在“四川杰出人才奖”评选表彰中，注重向基层一线特别是艰苦边远地区倾斜，先后评选表彰凉山州宁南中学英语教师杨成方、南部县先锋蚕业合作社社长罗先锋等一批优秀人才。在“天府峨眉计划”“天府青城计划”等省级人才计划（项目）中，开设专项支持基层一线教育、卫生、农业和创新创业人才 110 余人。对到县级以下机关事业单位工作的高校毕业生，按艰苦边远程度高定 1—3 档工资并按规定发放津补贴，乡镇公务员年度考核奖水平按高于县直机关人员的 20%核定，涉藏高寒高海拔地区还可享受特殊休假制度。在乡镇班子换届中，选拔 2600 余名第一书记、驻村工作队员、乡镇事业干部、村党组织书记和乡村干部人员进入乡镇班子。

3. 强化人才服务保障。强化对人才的政治引领政治吸纳，全覆盖建立县级领导联系服务专家工作制度，从基层一线优秀人才中推荐“两代表一委员”1500 余名。省市县联动实施“天府英才卡”制度，推动解决基层一线人才医疗服务、子女就学、住房保障等具体问题。对 50 个国家级、省级乡村振兴重点帮扶县引进并签订 5 年以上合同的全日制硕博士和高级职称人才，省财政给予每人 5

万元一次性安家补助，近3年为440名人才发放一次性安家补助2200余万元。米易县推出“阳光米易·人才十二月”活动，每月确定一个人才主题，组织青年人才交友联谊、返乡体验、开设创业大讲堂，助力46名青年人才实现创客梦想、50余对青年人才在本地安家立业。

三、经验启示

乡村振兴的前提是巩固脱贫攻坚成果。四川省接续推进乡村人才振兴行动，以问题、需求和目标为导向，以人才为引领，协同推进资源集聚、资金整合、政策集成，充分释放叠加效应，激发越来越多扎根当地的干部和人才的创新创造活力，切实维护和巩固了脱贫攻坚成果，扎实推进了乡村振兴。

1. 坚持党管人才原则，是鼓励引导人才向艰苦边远地区和基层一线流动的根本保证。党和国家历来高度重视艰苦边远地区和基层一线人才工作，“到最艰苦的地方去、到祖国和人民最需要的地方去”一直是我们党引领人才流动的鲜明导向。四川省坚持以习近平新时代中国特色社会主义思想为指导，全面构建党委统一领导、组织部门牵头抓总、政府单位组织实施、社会力量广泛参与的齐抓共管人才工作格局，推动形成了统筹联动、高效有力的基层人才工作体系，既能有效保证人才政策的落地落实，又能最大限度调动各方资源力量，为艰苦边远地区和基层一线高质量发展提供强有力的组织保障、人才保证。

2. 坚持围绕中心服务大局，是鼓励引导人才向艰苦边远地区和基层一线流动的价值取向。高质量发展是全面建设社会主义现代化国家的首要任务，围绕中心、服务大局是人才工作最根本的出发点和落脚点。四川省围绕推动艰苦边远地区和基层一线现代化建设主题，聚焦地方发展需要和人民群众的关心关切，加强宏观调控统筹、集中力量办大事，通过给予人才倾斜支持、打破成长成才“天花板”、搭建干事创业舞台等有效手段，让人才既下得去又干得好，为经济社会发展注入了强大动力，有效推动了社会民生事业，增强了艰苦边远地区和基层一线人民的获得感和幸福感。

3. 坚持靶向精准务实管用，是鼓励引导人才向艰苦边远地区和基层一线流动现实所需。艰苦边远地区和基层一线需要什么样的人才、需要多少人才，如何实现人才引得进、用得好、留得住的有机结合，是人才工作面临的重大课题。四川省坚持从实际出发，认真分析乡村振兴、基层治理和高质量发展人才需求特征，出台一系列靶向性针对性人才政策，聚焦人才引育用留关键环节制定一系列务实管用举措，鼓励基层一线结合实际先行先试，探索形成了“周末工程师”“定向评价、定向使用”等一批可复制可推广的有效经验，从多个维度解决人才与需求、人才与岗位相匹配相适应问题。

4. 坚持“输血”与“造血”同步，是鼓励引导人才向艰苦边远地区和基层一线流动的长远之策。习近平总书记指出，从长远看，关键还是要靠本地干部队伍和人才，要把稳定和用好本地人才作为破解人才匮乏的关键举措，着力打造一支带不走的人才队伍。四川省坚持解决当前急需和服务长远发展相结合，一手完善“输血”机制，大力选派优秀人才到基层一线开展智力服务，有效满足了当前乡村振兴、基层治理和高质量发展急需；一手强化“造血”功能，花大力气持续开展本土人才培养培训，大幅提升了本土人才能力素养，确保基层一线特别是艰苦边远地区在将来很长一段时间内有人可用、有人才可用。

思考题

1. 如何理解“鼓励引导人才向艰苦边远地区和基层一线流动”的重要意义和实践要求？

2. 结合所在地区实际，谈谈在鼓励引导人才向艰苦边远地区和基层一线流动方面有哪些新问题、新情况，该如何破题？

后　记

党的二十大报告指出，教育、科技、人才是全面建设社会主义现代化国家的基础性、战略性支撑。为帮助广大干部全面学习领会习近平新时代中国特色社会主义思想，深刻把握习近平总书记有关重要论述，从教育、科技、人才领域攻坚克难的生动案例中深入学习实施科教兴国战略、人才强国战略、创新驱动发展战略的经验做法，激励干部担当作为，提高干部精准施政的本领，中央组织部组织编写了本书。

本书由中央组织部牵头，教育部、科技部、工业和信息化部、国务院国资委、新华社、中国科学院、北京师范大学、北京市委组织部、湖北省委组织部共同编写，全国干部培训教材编审指导委员会审定。彭金辉任本书主编，王嘉毅、吴朝晖、王江平任副主编，周仲飞、张志刚、李晓东、许高勇、赵慧君、朱秀梅、常玉春、陈芳、庞维、李晓兵、杨仁浩任编委会成员。参加本书调研、编写和修改工作的主要人员有：刘华锋、姜猛、沈乐鸣、林汉卿、龙兵、桑建泉、荆洪阳、米靖、杨秋波、郭鑫、马嘉宾、陈培培、石磊、雷环、刘璇璇、王薇、裘智超、杨云、周小林、南方、杨雪、韩玉刚、李虹、张小秋、李锦辉、林恩雪、岑迪留、李园、周瑶、毛润杰、曾丽娜、徐拥军、陈士征、房德山、赵洪杰、杨雪梅、容伟、巢红芸、毕普云、吴茂辉、彭影、刘果、张首魁、任荣社、言孟也、徐艳华、燕连福、杨澜涛等。参加本书咨询审读的人员有：许倞、瞿振元、曹海峰、刘旭涛、廖文根、邢宇皓、丰捷、陈劲、吴金希、周绍杰、施克灿、余慧娟、程家瑜、任孝平。在编写过程中，中央组织部干部教育局会同人才工作局负责组织协调工作，人民出版社、党建读物出版社等单位给予了大力支持。在此，一并表示衷心感谢。

对于书中的疏漏和不当之处，敬请广大读者提出宝贵意见。

编　者

2024 年 2 月

全国干部培训教材编审指导委员会

主　　任：	李干杰	中央政治局委员，中央书记处书记， 中央组织部部长
副 主 任：	姜信治	十四届全国政协副主席、党组成员， 中央组织部分管日常工作的副部长
	胡和平	中央宣传部分管日常工作的副部长（正部长级）
	齐家滨	中央组织部副部长
委　　员：	赵世勇	二十届中央纪委常委，国家监察委员会委员， 中央纪委国家监委组织部部长
	陈小江	中央统战部分管日常工作的副部长（正部长级）
	孙晓芳	中央政法委员会副秘书长
	胡金旗	中央政策研究室副主任
	刘海星	中央国家安全委员会办公室分管日常工作的 副主任（正部长级）
	韩文秀	中央财经委员会办公室分管日常工作的副主任 （正部长级），中央农村工作领导小组办公室主任
	李　毅	中央党校（国家行政学院）副校长（副院长）
	曲青山	中央党史和文献研究院院长
	赵辰昕	国家发展和改革委员会副主任、党组成员
	王嘉毅	教育部副部长、党组成员、总督学
	阴和俊	科学技术部部长、党组书记
	陆治原	民政部部长、党组书记
	孙金龙	生态环境部党组书记、副部长
	卢映川	文化和旅游部副部长、党组成员
	高　翔	中国社会科学院院长、党组书记
办公室主任：	石中和	中央组织部干部教育局局长

《推进和拓展中国式现代化案例选
教育·科技·人才篇》

主　编：彭金辉

副主编：王嘉毅　吴朝晖　王江平

责任编辑：刘　靖　杨豪飞
封面设计：王欢欢
版式设计：王欢欢　胡欣欣
责任校对：东　昌

图书在版编目（CIP）数据

推进和拓展中国式现代化案例选. 教育·科技·人才篇 / 全国干部培训教材编审指导委员会组织编写. -- 北京：党建读物出版社：人民出版社，2024.2
全国干部学习培训教材
ISBN 978-7-5099-1566-0

I. ①推…　II. ①全…　III. ①现代化建设-案例-中国-干部培训-教材 ②教育现代化-案例-中国-干部培训-教材 ③科学技术-现代化-案例-中国-干部培训-教材 ④人才培养-现代化-案例-中国-干部培训-教材　IV. ① D61

中国国家版本馆 CIP 数据核字（2024）第 023978 号

推进和拓展中国式现代化案例选　教育·科技·人才篇
TUIJIN HE TUOZHAN ZHONGGUOSHIXIANDAIHUA ANLI XUAN
JIAOYU KEJI RENCAI PIAN

全国干部培训教材编审指导委员会组织编写

主　编：彭金辉

党建读物出版社
人民出版社　出版发行

北京中科印刷有限公司印刷　新华书店经销

2024 年 2 月第 1 版　2024 年 2 月第 1 次印刷
开本：710 毫米 ×1000 毫米　1/16
印张：19.25　字数：218 千字

ISBN 978-7-5099-1566-0　定价：41.00 元

邮购地址 100706　北京市东城区隆福寺街 99 号
人民东方图书销售中心　电话（010）65250042　65289539

本书如有印装错误，可随时更换　电话：（010）58589935